3fach Deutsch

9/10

Mit Sachtexten arbeiten

Kopiervorlagen
Differenzierungsmaterial auf drei Niveaustufen

Erarbeitet von
Susanne Bonora,
Julia Fliege,
Sylvelin Leipold

SOS-Lesehilfe

Wenn du Inhalte eines Textes verstehen und behalten möchtest, solltest du den Text in mehreren Schritten durchgehen und bearbeiten.

1. Die Überschrift beachten
- Was sagt die Überschrift über den Inhalt des Textes aus?

2. Die Bilder beachten
- Gibt es Zeichnungen, Tabellen, Diagramme oder Fotos zum Text? Was zeigen sie? Was sagen sie zum Inhalt des Textes aus?

3. Den Text überfliegen
- Um welches Thema geht es?
- Welche Besonderheiten fallen auf?

4. Die eigene Lesehaltung hinterfragen
- Was weißt du schon über das Thema?
- Was möchtest du vom Text erfahren?
- Wofür möchtest du die Informationen des Textes verwenden?

5. Den Text genau lesen
- Welche Wörter und Textstellen sind für das Verständnis des Textes wichtig? Markiere sie mit Bleistift. Halte die Schlüsselwörter fest (z. B. am Textrand).
- Welche Wörter (Fachbegriffe, Fremdwörter) kannst du nicht mit Hilfe des Textes klären? Kennzeichne die Wörter und schlage sie nach.

6. Die Sinnabschnitte erkennen
- Wie ist der Text inhaltlich gegliedert (Abschnitte, Absätze, Einleitung, Schluss)? Kennzeichne die einzelnen Abschnitte.

7. Den Inhalt der Sinnabschnitte zusammenfassen
- Fasse den Inhalt der einzelnen Abschnitte in einem Satz oder in Stichpunkten zusammen.

8. Auf die Absicht des Textes achten
- Will der Text hauptsächlich informieren?
- Enthält der Text Meinungsäußerungen und Wertungen?

Inhalt

Einen Sachtext erschließen

Die Sonne macht Lust auf mehr

Wenn die Tage länger werden und die Sonne die ersten Strahlen aussendet, stellt sich der menschliche Hormonhaushalt auf Sommer um – und der Mensch hat Spaß am Flirten.

Knospen sprießen, Vögel zwitschern und die Cabrio- und Sonnenbrillen-Dichte steigt dramatisch. Egal, ob sich die Temperaturen in der Nacht mitunter noch um den Gefrierpunkt bewegen, die Flirtsaison ist eröffnet. Denn selbst die zartesten Sonnenstrahlen erwärmen nicht nur die Wangen, sondern vor allem die Gemüter. Wintermäntel werden gelüftet, Schals gelockert, Frühlingsgefühle bekommen freien Lauf. Alles nur Gefühlsdusel? Keineswegs, auch wenn sich Wissenschaftler uneins über die Ursachen sind, die Symptome sind eindeutig: beste Laune und Kribbeln im Bauch.

„Durch das Sonnenlicht und mehr Helligkeit wird das Hormon Serotonin verstärkt ausgeschüttet und das lässt uns insgesamt wacher und vitaler werden", sagt der Biopsychologe Peter Walschburger von der Freien Universität Berlin. Bei mehr Licht produziert der Körper außerdem weniger vom Schlafhormon Melatonin. Die Stimmung steigt und damit die Lust auf Flirts und Sex. Doch das ist längst nicht alles.

„Für die durchaus wissenschaftlich umstrittenen Frühlingsgefühle gibt es physiologische, chronobiologische und psychologische Gründe", sagt Walschburger. Dabei seien es vor allem die psychologischen Aspekte, die uns im Frühling aufblühen ließen. „Die Anregungsbedingungen sind einfach besser als im Winter", sagt er. Frauen trügen wieder kürzere Röcke und tiefere Dekolletees. Das schaffe Anreize. „Der Frühling bietet ganz einfach mehr Möglichkeiten", sagt auch Nina Deißler – und sie muss es wissen. Seit Jahren bietet die Hamburgerin Flirtseminare an. „Markante Punkte für den Wunsch nach einer Beziehung sind immer um Weihnachten herum und im Frühling", sagt sie. Da seien im Frühling die Chancen oft besser, und zwar aus ganz praktischen Gründen. „Man darf nicht vergessen, dass man den Körper wieder strafft, wenn man sich nicht mehr in seinem Wintermantel vor dem eisigen Wind schützen muss." Da könne man den Blick auch wieder nach vorn richten.

Vor allem auf psychologische Faktoren führt auch der Endokrinologe (Hormonwissenschaftler) Prof. Korst Harald Klein von der Universität Bochum die viel beschworenen Frühlingsgefühle zurück. „Es handelt sich dabei schließlich nicht um eine Krankheit, daher gibt es auch kaum wissenschaftliche Untersuchungen dazu", sagt er. Selbst die erhöhten Hormonausschüttungen hält er für vernachlässigungswürdig. „Ob wir Glück oder Lust verspüren, hängt zweifellos von einem komplexen Puzzle ab, bei dem psychologische Faktoren, Sinnesreize und individuelle Veranlagung eine Rolle spielen – nicht nur der Hormonspiegel", sagt er und verweist ebenfalls auf die vielen optischen Reize, denen der Mensch im Frühling – dank luftigerer Kleidung und fröhlicher Gesichter – ausgesetzt ist.

Doch die längeren Tage gepaart mit penetrant guter Laune einiger Menschen lösen nicht bei allen Hochgefühle aus: Statt Kribbeln im Bauch verspüren sie bleierne Frühlingsmüdigkeit. „Auch hier handelt es sich vermutlich um eine Kombination vieler verschiedener Faktoren", erklärt Prof. Klein. Im Frühling nähmen die Aktivitäten nun mal zu, der Körper werde mehr gefordert. Viele Menschen blieben auch länger wach und aktiv. „Wenn man im Frühling abends um acht müde ist und es ist noch hell, fällt das einfach mehr auf als im Winter." Das sei eine ganze normale Umstellung, mit der der Körper fertigwerden müsse.

1 Wie fühlst du dich, wenn die Sonne scheint? Notiere Stichworte.

____

2 Lies den Text genau. Fasse seinen Inhalt zusammen, indem du den folgenden Satz ergänzt.

In dem Text „Die Sonne macht Lust auf mehr“ geht es um ____________________,

die durch die ____________________ ausgelöst werden.

3 Welche Veränderungen kann man im Frühjahr beobachten?
Schreibe stichpunktartig je zwei Beispiele aus dem Text heraus.

Witterung: ____

Natur: ____

Mensch: ____

____

4 Es gibt physiologische und psychologische Ursachen für die Entstehung von Frühlingsgefühlen. Lies im Text noch einmal nach und ordne den Fremdwörtern die passende Erklärung zu, indem du sie richtig nummerierst.

☐ physiologisch ☐ psychologisch

1 Teilgebiet der Biologie, beschreibt physikalische, biochemische und informationsverarbeitende Funktionen von Lebewesen

2 Seelenkunde, beschreibt und erklärt das Erleben und Verhalten des Menschen, seine Entwicklung im Laufe des Lebens und alle dafür maßgeblichen inneren und äußeren Ursachen

5 Fasse zusammen, was bei Frühlingsgefühlen im Körper vor sich geht.
Lies dazu noch einmal die Abschnitte 2 und 3 und ergänze das Pfeilbild.

Sonnenlicht + ____________________

↓

viel ____________________ wenig ____________________

↓

____

6 Beschreibe an einem Beispiel, warum viele Menschen mit dem Frühling eine Aufbruchstimmung verbinden.
Arbeite in deinem Heft.

1 Wie fühlst du dich, wenn die Sonne scheint? Notiere Stichworte.

____

2 Lies den Text genau. Fasse seinen Inhalt zusammen, indem du den folgenden Satz ergänzt.

In dem Text „Die Sonne macht Lust auf mehr" geht es um ______________________

____

3 Welche Veränderungen kann man im Frühjahr beobachten?
Schreibe stichpunktartig je zwei Beispiele aus dem Text heraus.

Witterung: ____

Natur: ____

Mensch: ____

____

4 Es gibt physiologische und psychologische Ursachen für die Entstehung von Frühlingsgefühlen. Erkläre die beiden Fremdwörter aus dem Textzusammenhang und kontrolliere mit dem Wörterbuch.

physiologisch: ____

____

psychologisch: ____

____

____

5 Fasse in deinem Heft zusammen, was bei Frühlingsgefühlen im Körper vor sich geht.
Übertrage dazu den folgenden Tabellenkopf in dein Heft.

physiologische Faktoren	**psychologische Faktoren**

6 Warum reagieren nicht alle Menschen im Frühling mit Hochgefühlen.
Erkläre mit eigenen Worten in deinem Heft.

7 Beschreibe an zwei Beispielen, warum viele Menschen mit dem Frühling eine Aufbruchstimmung verbinden.
Arbeite in deinem Heft.

1 Wie fühlst du dich, wenn die Sonne scheint? Notiere Stichworte.

___

2 Lies den Text genau. Fasse seine Aussage in einem Satz zusammen.

___

___

3 Welche Veränderungen kann man im Frühjahr beobachten?
Schreibe stichpunktartig je zwei Beispiele aus dem Text heraus.

Witterung: ___

Natur: ___

Mensch: ___

___

4 Es gibt physiologische, chronobiologische und psychologische Ursachen für die Entstehung von Frühlingsgefühlen.
Erkläre die Fremdwörter aus dem Textzusammenhang und kontrolliere mit dem Wörterbuch.

Tipp: Das griechische Wort „Chronos" bedeutet „Zeit".

physiologisch: ___

___

psychologisch: ___

___

___

chronobiologisch: ___

___

5 Fasse in deinem Heft zusammen, was bei Frühlingsgefühlen im Körper vor sich geht.
Übertrage dazu den folgenden Tabellenkopf in dein Heft.

physiologische Faktoren	psychologische Faktoren

6 Warum reagieren nicht alle Menschen im Frühling mit Hochgefühlen?
Erkläre mit eigenen Worten in deinem Heft.

7 Erläutere in deinem Heft, warum neben dem Frühling auch die Weihnachtszeit bei vielen Menschen den Wunsch nach einer Beziehung auslöst.

Fremdwörter klären, ein Diagramm auswerten

Dünger fürs Gehirn

Hirnforscher und Ernährungswissenschaftler haben sich darangemacht, die Wirkung der Nahrung auf das Gehirn zu erkunden. Wie ein Schnitzel oder ein Apfel auf die Leistungsfähigkeit des Gehirns wirken, das war bis vor Kurzem erstaunlich wenig erforscht. Die Neugier der Hirnforscher und Lebensmittelentwickler richtet sich in jüngster Zeit auf einen Zusammenhang, der die Evolution des Menschen entscheidend geprägt hat: Je reichhaltiger nämlich die Speisekarte des Menschen-Urahns, desto größer wurde auch sein Gehirn. Besonders gut belegt ist der Zusammenhang für die Docosahexaensäure (DHA). Der Stoff gehört zur Klasse der Omega-3-Fettsäuren und kommt in großer Menge in den Membranen menschlicher Gehirnzellen vor. Dort ist er an der Übermittlung von Signalen beteiligt und bürgt für das normale Funktionieren des Gehirns. Der Körper kann DHA selbst nicht herstellen; er muss es mit der Nahrung aufnehmen, etwa über fetten Fisch, worin DHA reichlich enthalten ist. Einige Paläontologen sind sogar überzeugt davon, dass der Zugang zu dieser Nahrungsquelle der Startschuss für die Entstehung des heutigen Menschen war: Erst nachdem die Hominiden des Fischfangs mächtig gewesen seien, sei das rasante Wachstum des Gehirns in Gang gekommen. Ein Abweichen vom bewährten Speiseplan kann auch heute noch empfindlich aufs Denkorgan schlagen. Aufmerksamkeitsstörungen, Demenz, Rechtschreibschwäche und auch Schizophrenie – all das geht Studien zufolge mit einem Mangel an Omega-3-Fettsäuren einher. Sogar die Hirngesundheit ganzer Nationen wird von den Ernährungsgewohnheiten seiner Einwohner geprägt. In Deutschland und anderen westlichen Staaten ist der Konsum von Omega-3-Fettsäuren in den vergangenen hundert Jahren dramatisch zurückgegangen – während die Rate von Depressionen auf ein höheres Niveau gestiegen ist. Nicht so in Japan, wo roher Fisch das Nationalgericht ist: Dort ist krankhafte Trübsal bis heute selten. Im Küstenstaat Norwegen haben Forscher voriges Jahr erstmals untersucht, wie der Verzehr von Meeresfrüchten auf das Gehirn älterer Menschen wirkt. Und siehe da: Wer durchschnittlich mindestens zehn Gramm Fisch pro Tag verspeiste, der meisterte Aufgaben besonders gut.

Außerdem gelten so genannte Polyphenole als besonders gute Nervennahrung. Diese in unterschiedlichsten Beeren, Weintrauben und in Rotwein enthaltenen Substanzen gehören zu den Antioxidantien: Sie mindern schädliche Prozesse in den Zellen und scheinen Synapsen zu schützen, also jene Umschaltstellen zwischen den Nervenzellen, die für das Abspeichern von Erinnerungen unersetzlich sind. Wer fleißig Beeren konsumiere, könne deshalb auf messbare Verbesserungen der Gehirnfunktion hoffen. Ein bestimmtes Polyphenol, das Curcumin, gilt ebenfalls als Balsam für die Nerven. Menschen aus Indien konsumieren das Kurkuma-Gewürz in rauen Mengen. Dieses enthält das gelb leuchtende Curcumin, das auch dem Currypulver die Farbe gibt. Zugleich scheinen die Menschen in Indien besser als andere vor der Alzheimer-Krankheit gefeit zu sein, jenem heimtückischen Leiden, bei dem ganze Hirnareale zugrunde gehen.

Alles in allem haben Pharmakologen drei gängige Nahrungsinhaltsstoffe ausfindig gemacht, die wie Dünger auf das Gehirn zu wirken scheinen, wenn man sie zusammen verzehrt: Uridinmonophosphat, typischerweise in Rüben enthalten, Cholin aus Eiern und eben die Fettsäure DHA aus Fischen. Nun träumen Forscher von einer Esstherapie gegen Gehirnschwund.

1 Lies die Überschrift. Worum könnte es in diesem Text gehen?
Notiere deine Vermutung.

____

2 Lies den Text und fasse ihn in einem Satz zusammen.

In diesem Text geht es um ______________________________

____

3 Ordne den Fremdwörtern links die richtige Erklärung rechts zu.
Verwende, wenn nötig, ein Wörterbuch.

	Stelle, an der eine Nervenzelle die Erregung überträgt
Membran	verbrauchen
Paläontologe	Zellhaut
Hominide	Verfall geistiger Fähigkeiten als Folge einer Hirnschädigung
Demenz	Wissenschaftler, der sich mit der Lehre von den Arzneimitteln beschäftigt
Schizophrenie	Niedergeschlagenheit
Depression	Menschenartiger
Synapsen	Wissenschaftler, der sich mit Tieren und Pflanzen vergangener Erdzeitalter beschäftigt
konsumieren	psychische Krankheit; der Zusammenhang zwischen Wollen, Denken und Fühlen ist gestört
Pharmakologe	

4 Erkläre den Zusammenhang zwischen DHA und der Entwicklung des Menschen.
Lies dazu nochmal die Zeilen 1 bis 16.
Schreibe in dein Heft.

5 Welche Wirkung haben Omega-3-Fettsäuren auf unser Gehirn? Schreibe stichpunktartig Informationen aus dem Text und dem Diagramm heraus.

____

____

____

____

6 Triff mit Hilfe des Diagramms drei Aussagen zum Thema „Kluges Essen“. Schreibe in dein Heft.

Kluges Essen

Vermutete Wirkung von Nährstoffen auf das Gehirn

▲ Steigerung der Denkleistung
■ beschleunigte Heilung bei Hirnverletzung
● positive Auswirkung auf Alzheimer-Krankheit

Nährstoffe	Nahrungsmittel
Omega-3-Fettsäuren ■ ● ▲	Lachs, Hering, Kiwi, Walnüsse
Curcumin ● ▲	Gelbwurz, Curry
Flavonoide ■	Kakao, grüner Tee, Zitrusfrüchte, Weintrauben, Beeren
Vitamin E ■ ●	Nüsse, pflanzliche Öle, Spinat, Spargel, Avocado
…	

Fremdwörter klären, ein Diagramm auswerten

1 Fasse in einem Satz zusammen, worum es in diesem Text geht.

____

____

2 Erkläre die Fremdwörter mit Hilfe des Wörterbuchs.

Pharmakologe: ______________________________

____

Hominide: ______________________________

Schizophrenie: ______________________________

____

Demenz: ______________________________

____

Depression: ______________________________

Synapse: ______________________________

Paläontologe: ______________________________

____

3 Erkläre den Zusammenhang zwischen Docosahexaensäure (DHA) und der Evolution des Menschen. Schreibe in dein Heft.

4 Welche Wirkung haben Omega-3-Fettsäuren auf unser Gehirn? Schreibe stichpunktartig Informationen aus dem Text und dem Diagramm heraus.

____

____

____

____

____

5 Triff mit Hilfe des Diagramms vier Aussagen zum Thema „Kluges Essen". Schreibe in dein Heft.

6 Gib jemandem, der kurz vor einer Prüfung steht, drei Nahrungsempfehlungen.

____

____

Kluges Essen

Vermutete Wirkung von Nährstoffen auf das Gehirn

▲ Steigerung der Denkleistung

■ beschleunigte Heilung bei Hirnverletzung

● positive Auswirkung auf Alzheimer-Krankheit

Nährstoffe		Nahrungsmittel
Omega-3-Fettsäuren	■ ● ▲	Lachs, Hering, Kiwi, Walnüsse
Curcumin	● ▲	Gelbwurz, Curry
Flavonoide	■	Kakao, grüner Tee, Zitrusfrüchte, Weintrauben, Beeren
Vitamin E	■ ●	Nüsse, pflanzliche Öle, Spinat, Spargel, Avocado
…		

1 Fasse in einem Satz zusammen, worum es in diesem Text geht.

____

____

2 Erkläre die Fremdwörter aus dem Textzusammenhang oder, wenn nötig, mit Hilfe des Wörterbuchs.

Pharmakologe: ____

____

Hominide: ____

Schizophrenie: ____

____

Demenz: ____

____

Depression: ____

Synapse: ____

Paläontologe: ____

____

3 Erkläre, was man unter DHA versteht und welchen Zusammenhang Wissenschaftler zwischen der vermehrten Aufnahme dieses Stoffes und der Evolution des Menschen sehen? Schreibe in dein Heft.

4 Welche Wirkung haben Omega-3-Fettsäuren auf unser Gehirn? Schreibe stichpunktartig Informationen aus dem Text und dem Diagramm heraus.

____

____

____

____

5 Triff mit Hilfe des Diagramms fünf Aussagen zum Thema „Kluges Essen“. Schreibe in dein Heft.

6 Erkläre, wie du dich auf eine Prüfung mit der richtigen Ernährung gut vorbereiten kannst. Schreibe in dein Heft.

Kluges Essen

Vermutete Wirkung von Nährstoffen auf das Gehirn

▲ Steigerung der Denkleistung
■ beschleunigte Heilung bei Hirnverletzung
● positive Auswirkung auf Alzheimer-Krankheit

Nährstoffe	Nahrungsmittel
Omega-3-Fettsäuren ■ ● ▲	Lachs, Hering, Kiwi, Walnüsse
Curcumin ● ▲	Gelbwurz, Curry
Flavonoide ■	Kakao, grüner Tee, Zitrusfrüchte, Weintrauben, Beeren
Vitamin E ■ ●	Nüsse, pflanzliche Öle, Spinat, Spargel, Avocado
…	

Sachtexten Informationen entnehmen, einen Kurzvortrag halten

Sinti und Roma

Text 1

Brüssel – Handtücher bedecken die leblosen Körper zweier Roma-Mädchen, daneben genießen Touristen ungeniert ihr Sonnenbad. Das im Juli an einem Strand von Neapel aufgenommene Foto schockierte Europa. Die Gleichgültigkeit gegenüber dem Schicksal einer der größten Minderheiten hatte plötzlich ein Gesicht. Dieser Vorfall war nur einer von vielen, weshalb sich 400 Vertreter aus EU-Kommission, Hilfsorganisationen und Regierungen in Brüssel zum ersten Roma-Gipfel der EU-Geschichte trafen. Im Zentrum des Treffens standen die Bereiche Bildung, Beschäftigung, Gesundheit und Unterkunft. Kommissionspräsident Jose Manuel Barroso forderte von den Ländern mehr Einsatz im Kampf gegen die Diskriminierung. Denn dieses Volk ist das am wenigsten gebildete, Analphabetismus ist weit verbreitet. Das hat zur Folge, dass rund 90 Prozent der Roma arbeitslos sind. Alkoholismus und andere Krankheiten sind ebenfalls ein großes Problem. Die Lebenserwartung der Gruppe ist innerhalb Europas am kürzesten. Die künftige Generation der Roma drohe somit in tiefer Armut zu verharren und zunehmend ausgeschlossen zu werden, heißt es im Bericht. Der gestrige Gipfel folgte auf eine Reihe von mehreren dramatischen Ereignissen, vor allem in Italien. Erste Ausschreitungen gegen Roma ereigneten sich im vergangenen Herbst. Wenig später begann die italienische Regierung mit ihrer umstrittenen Fingerabdruck-Aktion und nimmt seitdem sämtliche Roma ohne Ausweispapiere in eine Kartei auf.
Auch wenn der Gipfel ein wichtiges Symbol für die Chancengleichheit darstellte, werden darauf keine Gesetzesinitiativen folgen. Die EU kann Gelder bereitstellen, die eigentliche Integrationsarbeit müssen aber die Mitgliedstaaten bewältigen.

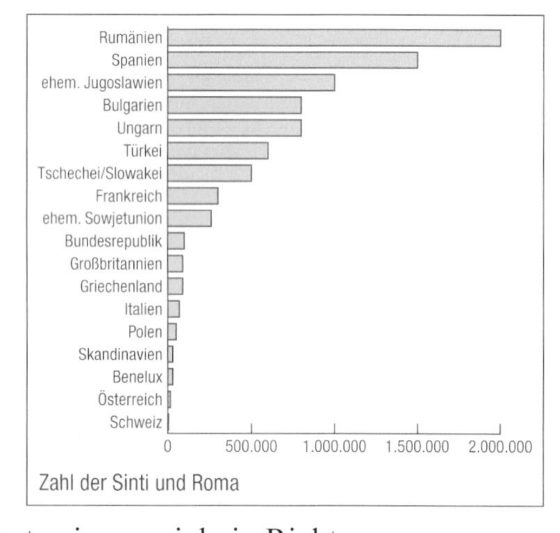

Zahl der Sinti und Roma

Text 2

Heute ist sicher, dass Sinti und Roma ihre indische Heimat in mehreren Auswanderungswellen seit dem 5. Jahrhundert verließen. Eine massive Wanderung setzte im 11. Jahrhundert ein, wahrscheinlich ausgelöst durch die Eroberung Nordindiens durch muslimische Truppen aus dem heutigen Afghanistan. Heimatlos geworden wanderten Sinti und Roma über die Jahrhunderte zunächst nach Persien, Kleinasien und in das Byzantinische Reich. Zu Anfang des 14. Jahrhunderts gingen viele in Richtung Griechenland und verteilten sich bis zum Ende des 16. Jahrhunderts über den gesamten europäischen Kontinent. Auch heute noch ist einigen Roma die ständige Sesshaftigkeit fremd, da sie das Stehenbleiben mit Sterben gleichsetzen. Eine Unterbrechung der Wanderung dient nur zur Rast.
Stärker als vielleicht bei anderen Kulturen ist bei vielen Sinti und Roma das Streben nach Glück ausgeprägt, wobei Glück für sie Gesundheit, Kinder, Liebe und Zufriedenheit bedeutet. Während Arbeit und Wohlstand in Westeuropa besonders wichtig sind, dient die Arbeit bei Sinti und Roma nur zum Broterwerb. Auch das Streben nach Grundbesitz ist vielen Sinti und Roma fremd. Genauso wenig kennen sie Krieg und den Wunsch nach Eroberung fremder Gebiete.

1 Lies die beiden Texte und fasse ihren Inhalt jeweils in ein bis zwei Sätzen zusammen.

Text 1: ______________________________

____

Text 2: ______________________________

____

2 In welchen europäischen Ländern leben eine halbe Million und mehr Sinti und Roma? Antworte mit Hilfe des Diagramms.

____

____

3 Erkläre den Begriff „Diskriminierung“ aus dem Textzusammenhang (Text 1).

Diskriminierung: ______________________________

4 Beschreibe die Bevölkerungsgruppe der Sinti und Roma mit Hilfe der Texte. Notiere jeweils Stichpunkte.

1. Herkunft	– ursprünglich Indien
2. Wanderungsbewegung	– ausgelöst durch muslimische Truppen in Nordindien
3. Minderheit	
4. Lebenserwartung	
5. aktuelle Situation	

5 Halte einen Kurzvortrag zum Thema „Die vergessenen Bürger Europas“:

Einstieg: ...
Hauptteil: Nutze die Struktur aus Aufgabe 4.
Schluss: eigene Meinung

1 Lies die Texte und das Diagramm.
Fasse die Inhalte jeweils in ein bis zwei Sätzen zusammen.

Text 1: ______________________________

____

Text 2: ______________________________

____

Diagramm: ______________________________

____

2 In welchen europäischen Ländern leben eine halbe Million und mehr Sinti und Roma?
Antworte mit Hilfe des Diagramms.

____

____

3 Erkläre den Begriff „Diskriminierung“ aus dem Textzusammenhang.

Diskriminierung: ______________________________

____

4 Inwiefern werden Sinti und Roma in Europa diskriminiert?
Schreibe deine Antwort in dein Heft.

5 Beschreibe die Bevölkerungsgruppe der Sinti und Roma mit Hilfe der Texte und der folgenden Tabelle. Notiere Stichpunkte.

1. Herkunft	
2. Wanderungs-bewegung	
3. Minderheit	
4. Lebenserwartung	
5. aktuelle Situation	

6 Halte einen Kurzvortrag zum Thema „Die vergessenen Bürger Europas“:
Nutze für den Hauptteil die Struktur aus Aufgabe 5.

1 Lies die Texte und das Diagramm.
Fasse die Inhalte jeweils in ein bis zwei Sätzen zusammen.

____

____

____

____

____

____

2 Lässt sich mit Hilfe des Diagramms erklären, warum es ausgerechnet in Italien zu schlimmen Ausschreitungen kam? Antworte in deinem Heft.

3 Inwiefern werden Sinti und Roma in Europa diskriminiert?
Schreibe deine Antwort in dein Heft.

4 Welche westeuropäischen Verhaltensweisen sind den Sinti und Roma eher fremd? Notiere Stichpunkte.

____

5 Beschreibe die Bevölkerungsgruppe der Sinti und Roma mit Hilfe der Texte und der folgenden Tabelle. Notiere Stichpunkte.

1. Herkunft	
2. Wanderungs-bewegung	
3. Minderheit	
4. Lebenserwartung	
5. aktuelle Situation	

6 Halte einen Kurzvortrag zum Thema „Die vergessenen Bürger Europas“:
Nutze für den Hauptteil die Struktur aus Aufgabe 5.

7 Die Ausgrenzung der Sinti und Roma hat eine lange Geschichte.
Recherchiere zur Situation der „Zigeuner“ im Dritten Reich.

Einen Text gliedern, den Inhalt veranschaulichen

Terror aus dem Rechner

Eine Selbstmordserie erschüttert das Hightech-Land Südkorea. Hetze im Netz hat die Opfer in den Tod getrieben. Kaum einer zweifelt daran, dass Internet-Hooligans sie auf dem Gewissen haben. Südkorea rühmt sich bisher, eines der bestverkabelten Länder der Welt zu sein. Fast alle Haushalte haben Zugang zu einer schnellen Internet-Leitung, unter den Jüngeren unterhält nahezu jeder eine eigene Hompage. Der Umgang mit modernster Kommunikationstechnik, so zeigt sich, macht noch lange keine moderne Gesellschaft. „Das Internet bei uns", klagte kürzlich ein führender Politiker, „hat das Niveau einer Klowand." Was ist bloß los mit den Koreanern? Im Schutz vermeintlicher Anonymität verwandeln sich Kinder, Hausfrauen und Büromenschen in Stalker, Gerüchteerfinder und Rufmörder. Aus Neid, Frust und Langeweile wird Cyber-Terror. Die bösartigen Online-Kommentare, so der Psychologe Whang Sang Min, wirkten auf die Psyche so zersetzend wie langsam wirkendes Gift. Er weiß: Gerüchte und üble Nachrede wirken gerade online besonders vernichtend. In der echten Welt verhallen die Worte, im Netz aber bleiben sie lange Zeit erhalten, einsehbar für Millionen.
Über den Ursprung der so genannten Cyber-Gewalt in Südkorea rätseln die Experten. Entladen sich hier in der Anonymität Dinge, die ansonsten unterdrückt blieben? Viele Internet-Benutzer verwechseln einfach die Welten von Computerspielen und allgemeiner Virtualisierung mit der realen. Jene Gewalt, die sie aus Online-Spielen gewohnt seien, präge ihr Verhalten im ganzen Internet; ihnen sei gar nicht bewusst, dass sie im Netz nicht Programmen, sondern Menschen begegneten.
Rasend schnell hat sich das Internet in Südkorea entwickelt – und damit auch die Abhängigkeit von ihm. Das Ausmaß der Internet-Sucht messen koreanische Psychologen auf der eigens entwickelten „K-Skala" (K für Korea), die sie jetzt weltweit etablieren wollen. Ein hoher K-Wert verheißt dabei nichts Gutes für den Zustand einer Gesellschaft. Eine Million Kinder und eine Million Erwachse zeigen bereits das Vollbild der Krankheit. Die Junkies können nicht mehr selbst kontrollieren, wie viele Stunden sie täglich im Netz verbringen; Schule, Ausbildung, Beruf, Familie und Freunde bleiben auf der Strecke. Jungs und Männer seien meist den Spielen verfallen, erzählt der Suchtbeauftragte Koh, die seltener betroffenen Mädchen und Frauen dem Chatten; beide Geschlechter aber verwahrlosen rasch vor dem Schirm. „Internetsüchtige Kinder lachen nicht", sagt Koh. „Sie haben keine Erwartungen ans Leben und wenig Vertrauen in andere." Die Behandlung sieht Gespräche mit Psychologen vor, außerdem Kunst- und Lachtherapie, Gruppenerlebnisse in freier Natur: Rafting, Schwimmen, Lagerfeuer oder Fußball. Besser als Therapie aber sei Prävention. Koh wünscht sich, dass „gesunde Cyber-Kultur" und „Cyber-Ethik" früh in den Schulen gelehrt werden.
Die Regierung bringt im November ein Gesetz auf den Weg, das das Internet in Korea von Grund auf verändern dürfte. Anonyme Kommentare sollen verschwinden von allen Netzseiten mit mehr als 100 000 Besuchern am Tag. Nur wer sich mit realem Namen anmeldet, kann einen Beitrag publizieren. Wer sich dennoch übler Nachrede oder Beleidigung schuldig macht, dem drohen bis zu zwei Jahren Haft. Mehr als 900 „Cyber-Polizisten" – Spezialermittler – sollen im Netz Wache schieben. Die Regierung beteuert, dass ihr dabei einzig der Schutz der Bevölkerung am Herzen liege. Viele Koreaner glauben das nicht. Sie sorgen sich, dass womöglich demnächst angeklagt wird, wer Kritik an der Regierung übe.

Einen Text gliedern, den Inhalt veranschaulichen

1 „Das Internet hat bei uns das Niveau einer Klowand“, sagt ein südkoreanischer Politiker. Was könnte er damit meinen? Schreibe deine Gedanken zu dieser Aussage in dein Heft.

2 Lies den Text genau. Unterstreiche dabei Formulierungen, die zu der Überschrift „Terror aus dem Rechner“ passen.

3 Erkläre nun mit eigenen Worten, was mit der Überschrift „Terror aus dem Rechner“ gemeint ist. Nutze dazu deine Unterstreichungen aus Aufgabe 2.

____

____

____

____

4 Ordne den Sinnabschnitten des Textes die folgenden Überschriften zu, indem du sie von 1 bis 4 durchnummerierst.

- ☐ Internet-Sucht
- ☐ Gegenmaßnahmen
- ☐ Terror im Netz
- ☐ Ursachen der Cyber-Gewalt

5 Entwickle ein Struktogramm. Gehe so vor:

a) Ergänze im oberen Teil die folgenden Wörter und Pfeile:

Hausfrauen   Gerüchteerfinder   →   Rufmörder   →   Büromenschen

b) Beschreibe den Begriff „Anonymität“ und die beiden Personengruppen im unteren Teil stichwortartig.

Kinder		ANONYMITÄT		Stalker
harmlos,				gemein,

6 In Südkorea haben Internet-Hooligans Menschen auf dem Gewissen. Wie schätzt du die Situation in Deutschland ein? Beschreibe deinen Eindruck anhand von zwei Beispielen in deinem Heft. Schreibe etwa ein halbe Seite.

7 Sollten Cyber-Polizisten gegen den Cyber-Terror eingesetzt werden? Nimm in deinem Heft ausführlich Stellung zu dieser Frage.

1 „Das Internet hat bei uns das Niveau einer Klowand“, sagt ein südkoreanischer Politiker. Was könnte er damit meinen? Schreibe deine Gedanken zu dieser Aussage in dein Heft.

2 Lies den Text genau. Unterstreiche dabei Formulierungen, die zu der Überschrift „Terror aus dem Rechner“ passen.

3 Erkläre nun mit eigenen Worten, was mit der Überschrift „Terror aus dem Rechner“ gemeint ist. Nutze dazu deine Unterstreichungen aus Aufgabe 2.

____

____

____

____

4 Gib den vier Sinnabschnitten des Textes passende Überschriften.

1. Sinnabschnitt: ______________________________
2. Sinnabschnitt: ______________________________
3. Sinnabschnitt: ______________________________
4. Sinnabschnitt: ______________________________

5 Entwickle ein Struktogramm. Gehe so vor:

a) Ergänze im oberen Teil die folgenden Wörter:

Hausfrauen Gerüchteerfinder Anonymität Rufmörder
Stalker Büromenschen Kinder

b) Beschreibe den Begriff „Anonymität“ und die beiden Personengruppen im unteren Teil stichwortartig.

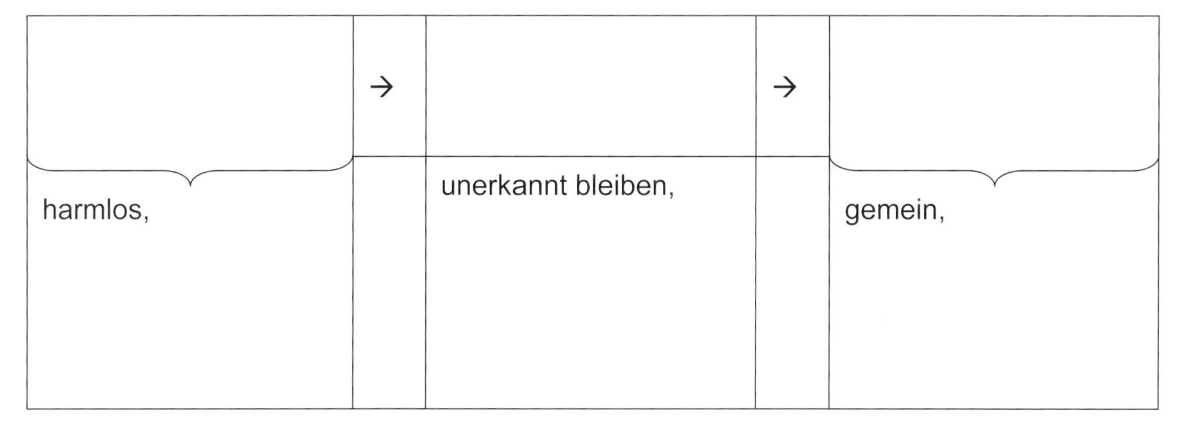

6 Kennst du Fälle von Online-Terror? Beschreibe in deinem Heft, wie Stalker und Gerüchteerfinder Menschen attackieren. Schreibe etwa eine halbe Seite.

7 Sollten Cyber-Polizisten gegen den Cyber-Terror eingesetzt werden? Nimm in deinem Heft ausführlich Stellung zu dieser Frage.

1 „Das Internet hat bei uns das Niveau einer Klowand“, sagt ein südkoreanischer Politiker. Was könnte er damit meinen? Schreibe deine Gedanken zu dieser Aussage in dein Heft.

2 Lies den Text genau. Unterstreiche dabei Formulierungen, die zu der Überschrift „Terror aus dem Rechner“ passen.

3 Erkläre nun mit eigenen Worten, was mit der Überschrift „Terror aus dem Rechner“ gemeint ist.

____

____

____

____

4 Unterteile den Text in Sinnabschnitte und notiere zu jedem Sinnabschnitt eine passende Überschrift.

____

____

____

____

5 Entwickle ein Struktogramm. Gehe so vor:

a) Ergänze im oberen Teil die folgenden Wörter und Pfeile:

Hausfrauen   Gerüchteerfinder   →   Rufmörder
Stalker   Büromenschen   Kinder   →

b) Beschreibe den Begriff „Anonymität“ und die beiden Personengruppen im unteren Teil stichwortartig.

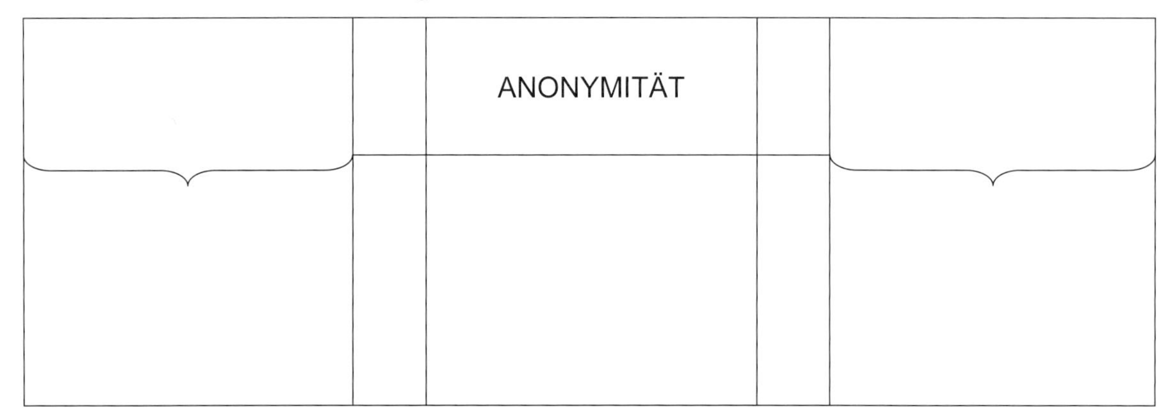

6 Begründe mit eigenen Worten, warum Gerüchte und üble Nachrede online besonders schlimme Auswirkungen haben. Schreibe in dein Heft.

7 Sollten Cyber-Polizisten gegen den Cyber-Terror eingesetzt werden? Nimm in deinem Heft ausführlich Stellung zu dieser Frage.

Den eigenen Standpunkt begründen

Tanzen, bis die Birne glüht

Diesen Werbeslogan kann man wörtlich nehmen: „We want your energy", heißt es in der ersten Öko-Disko der Welt. Wer in dem Beton- und Glasbau im einst als Drogenquartier berüchtigten Chinesenviertel von Rotterdam tanzt, erzeugt Strom und hilft damit Mutter Natur. In der Nacht zum 5. September 2008 wurde der Club
5 von energiegeladenen Tänzern eröffnet. „Man fühlt sich dabei wie ein Kraftwerk", schwärmte eine Besucherin aus Deutschland.
„Der erste nachhaltige Dance Club der Welt setzt einen Trend", freut sich der Architekt Herman Kossmann. „Er beweist, dass Umweltschutz und Spaß bestens zusammenpassen." Früher war der Laden als „Nighttown" für aufregende Shows von Iggy Pop,
10 Nirvana oder Amy Winehouse berühmt. Stars werden auch künftig kommen. Doch jetzt heißt die mit Millionengeldern niederländischer Privatinvestoren völlig neu gestaltete Disko „Club Watt" – und wer hier auftritt, legt damit auch ein grünes Bekenntnis ab. Das Kernstück der Öko-Disko ist die flexible elektromechanische Tanzfläche.
Der Boden unter den Füßen gibt um einige Millimeter nach. Die durch Schwingungen
15 erzeugte Bewegungsenergie wird nach dem Dynamo-Prinzip in Elektrizität umgewandelt und in Akkus gespeichert. Fast ein Drittel des Stroms, den die DJ-Bühne verbraucht, sollen die Tänzer als „menschliche Energieerzeuger" liefern. Leuchtdioden im Boden sowie Lampen an der Bühne zeigen an, wie stark die Stromerzeugung jeweils ist.
20 Wer sich austobt, sorgt für eine individuelle Lichtshow. „Leute, tanzt, auf dass die Birnen erglühen!", feuert DJ Ted Langenbach die Gäste an. Der 48-jährige Party-Guru der Rotterdamer Szene gehört zu den Initiatoren des „Club Watt". „Dieses Projekt hat mich gefesselt. Es gibt eben doch noch etwas Neues auf dem alten Tanzboden."
Allerdings ist die Eigenstromerzeugung gemessen am Gesamtbedarf des Clubs,
25 der 2000 Gäste aufnehmen kann, mit bis zu zehn Watt pro Tanzendem noch gering. Doch dabei soll es nicht bleiben. „Dies ist Club Watt in der Version 1.0", sagt Martin Jordans vom Rotterdamer Architekturbüro Döll. „Wir arbeiten bereits an verbesserten Konzepten mit weit höherer Ausbeute." Dafür werden auch die künftigen Erfahrungen des Italieners Lucien Gambarota berücksichtigt, der als einer der „Väter" der
30 Nutzung „menschlicher Energie" gilt. Gambarota richtete in Hongkong den „California Fitness"-Club ein, wo Sporttreibende immerhin so viel Strom erzeugen, dass damit die Beleuchtung, die Musik und Elektronik der Trainingsgeräte betrieben werden können.
Im „Club Watt" geht es nicht allein ums Stromsparen. Im „Club Watt" ist alles verpönt,
35 was Abfall erzeugt oder unnötig Ressourcen verbraucht. So werden die Toiletten mit Regenwasser gespült. Die eingesparte Wassermenge soll dem Jahresbedarf von 13 000 Menschen entsprechen. Und an den beiden Zero-Waste-Bars (etwa: Null-Müll-Theken) werden Getränke ausschließlich in wiederverwertbare Hartplastikgläser eingeschenkt. Wegwerf-Produkte sind verpönt, darunter auch Flyer. „Den meisten Leuten ist noch gar
40 nicht bewusst, dass normale Diskos mit allem Drum und Dran enorme Stromfresser und Umweltverschmutzer sind", sagt der Miterfinder des Club-Watt-Konzepts, Michel Smit. Mit seiner Firma SDC – die Abkürzung für Sustainable (nachhaltiger) Dance Club – hofft er auf Aufträge aus aller Welt. Wohl nicht zu Unrecht. Vor Anfragen – darunter auch aus Berlin und anderen deutschen Städten – können sich die Watt-Club-Macher
45 inzwischen kaum retten.

1 Lies die Überschrift. Worum geht es in diesem Text? Notiere deine Vermutung.

____

2 Lies den Text genau. Fasse ihn anschließend zusammen, indem du den folgenden Lückentext ergänzt.

Im Text „Tanzen, bis die Birne glüht" geht es um eine ______________, die die ______________ der Tanzenden in ______________ umwandelt.

Dieser besondere Dance Club ist deshalb ______________ als herkömmliche Diskos.

3 Warum kann man die Tänzer als „kleine Kraftwerke" bezeichnen?
Lies den dritten Absatz und schreibe die passende Textstelle in dein Heft.

4 Erkläre und veranschauliche die Doppeldeutigkeit der Überschrift.
Notiere dazu kurz, wie man die Überschrift wörtlich und in einem übertragenen Sinn verstehen kann, und zeichne ein passendes Bild in den vorgegebenen Rahmen.

Tanzen, bis die Birne glüht

wörtliche Bedeutung:

Die Tänzer erzeugen ______________

übertragene Bedeutung:

Unter der „glühenden Birne" versteht man ______________

5 Was zeichnet die Öko-Disko aus? Schreibe aus dem vierten und fünften Absatz alle Öko-Merkmale stichpunktartig heraus.

____

____

6 Würdest du eine Öko-Disko besuchen? Begründe deinen Standpunkt ausführlich in deinem Heft. Nutze dazu die folgende Strukturierungshilfe:

A: Hinführung zum Thema (keine Argumente vorwegnehmen)
B: drei Argumente mit Behauptung, Begründung und Beispiel
C: Schluss (Zusammenfassung)

1 Lies die Überschrift. Worum geht es in diesem Text? Notiere deine Vermutung.

___

2 Lies den Text genau und fasse ihn anschließend kurz zusammen.

Im Text „Tanzen, bis die Birne glüht“ geht es um eine ___, die die ___ der Tanzenden in ___ umwandelt.

Dieser besondere Dance Club ist deshalb ___ als herkömmliche Diskos.

3 Warum kann man die Tänzer als „kleine Kraftwerke“ bezeichnen? Erkläre.

___

___

___

___

___

4 Erkläre und veranschauliche die Doppeldeutigkeit der Überschrift.
Notiere dazu kurz, wie man die Überschrift wörtlich und in einem übertragenen Sinn verstehen kann, und zeichne ein passendes Bild in den vorgegebenen Rahmen.

Tanzen, bis die Birne glüht

wörtliche Bedeutung: ___

5 Was zeichnet die Öko-Disko aus? Schreibe aus dem vierten und fünften Absatz alle Öko-Merkmale stichpunktartig heraus.

___

___

6 Wie kannst du dich in deinem täglichen Leben umweltbewusst verhalten?
Erläutere anhand von drei Beispielen. Schreibe in dein Heft.

7 Würdest du eine Öko-Disko besuchen? Begründe deinen Standpunkt ausführlich in deinem Heft. Verwende dabei vollständige Argumente.

Den eigenen Standpunkt begründen

1 Lies die Überschrift. Worum geht es in diesem Text? Notiere deine Vermutung.

____

2 Lies den Text genau und fasse ihn anschließend kurz zusammen.

____

____

____

3 Warum kann man die Tänzer als „kleine Kraftwerke" bezeichnen?
Erkläre mit Hilfe eines Pfeilbildes.

flexible elektromechanische Tanzfläche → ____________________

____________________ → ____________________

____________________ → ____________________

4 Erkläre und veranschauliche die Doppeldeutigkeit der Überschrift.
Notiere dazu kurz, wie man die Überschrift wörtlich und in einem übertragenen Sinn verstehen kann, und zeichne ein passendes Bild in den vorgegebenen Rahmen.

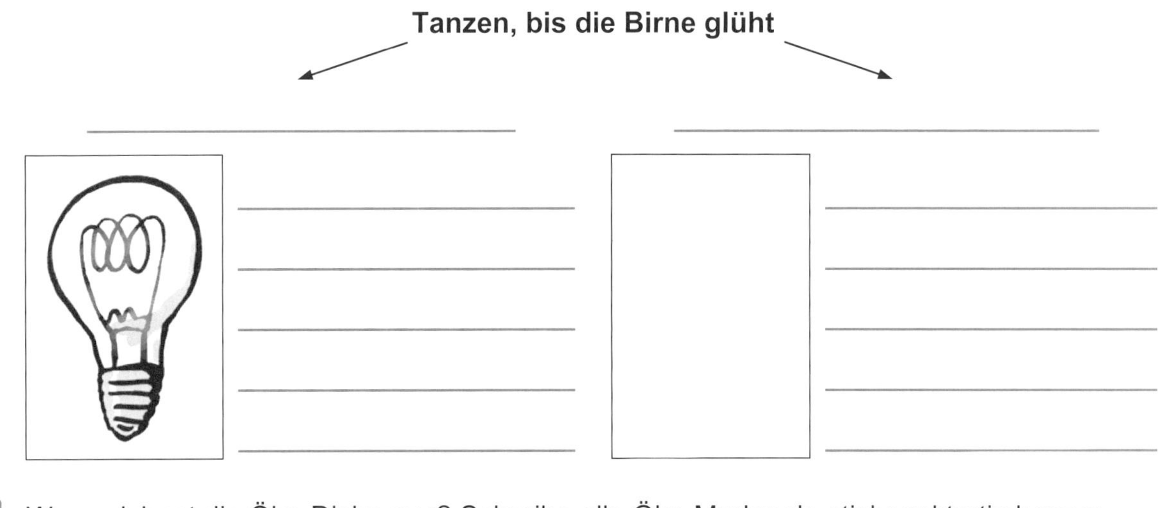

5 Was zeichnet die Öko-Disko aus? Schreibe alle Öko-Merkmale stichpunktartig heraus.

____

____

6 Wie kannst du dich in deinem täglichen Leben umweltbewusst verhalten?
Erläutere anhand von drei Beispielen. Schreibe in dein Heft.

7 Würdest du eine Öko-Disko besuchen? Begründe deinen Standpunkt ausführlich in deinem Heft. Verwende dabei vollständige Argumente.

Eine Reportage untersuchen

Die Vergessenen

Es riecht nach PVC-Boden und Hustensaft, nach Trostlosigkeit. Hier im Flachbau hinter der Kirche wollen die Contergan-Geschädigten nicht aufgeben. Gihan Higasi, Stephan Nuding und seine 79-jährige Mutter sind im Hungerstreik, sie trinken seit mehr als 500 Stunden nur Tee und Wasser. Sie planen, so lange zu hungern, bis es 5 konkrete Zusagen für mehr Geld gibt, von den Politikern in Berlin und von dem Unternehmen, das für ihr Schicksal verantwortlich ist, dem Contergan-Hersteller Grünenthal. Donnerstag vergangener Woche ist der 22. Tag ihres Streiks im evangelischen Gemeinderaum der Andreaskirche in Bergisch Gladbach. Während sie hungern, arbeiten in Berlin Politiker an einem Antrag, der eine angemessene Unter- 10 stützung der gesundheitlichen Versorgung Contergan-Geschädigter garantieren soll. Die drei in Bergisch Gladbach wollen mit ihrem Hungerstreik die Politik unter Druck setzen. Sie fordern für alle Betroffenen eine bessere Gesundheitsversorgung und die dreifache Rente – bis zu maximal 3270 Euro. Von der Firma Grünenthal und deren Eigentümerfamilie, vertreten von Firmenchef Sebastian Wirtz, wollen sie für jedes 15 in Deutschland lebende Opfer eine Entschädigungszahlung von durchschnittlich einer Million Euro – und einmal das eine Wort hören: Entschuldigung.

Die Ereignisse in Bergisch Gladbach seien „sehr unangenehm", doch so wie jetzt könne sich die Politik nicht unter Druck setzen lassen. „Wir können nicht mehr Geld geben", sagt Ilse Falk, stellvertretende Fraktionsvorsitzende der Union. Sie verstehe die 20 Situation der Betroffenen. Andererseits müsse man auch berücksichtigen, dass die Contergan-Rente erst im Juli auf maximal 1090 Euro verdoppelt wurde.

In Bergisch Gladbach hinterlässt das nicht die erhoffte Wirkung. Stephan Nuding telefoniert weiter mit der Lokalpresse, schickt einen offenen Brief an den Bundespräsidenten und sammelt elektronisch Solidaritätsbekundungen.

25 Nudings 79-jährige Mutter, die beharrlich mitstreikt, ruht gerade auf dem Sofa. Ihr Sohn erzählt und demonstriert derweil, wie manche Contergan-Geschädigte mit einem Bein die Schranktür öffnen. Sie brauchten behindertengerechte Möbel, die können sie sich oft nicht leisten. Stephan Nuding hat einen verkürzten Arm, chronische Schulterschmerzen und abgeriebene Zähne, weil er oft seinen Mund 30 als Werkzeug benutzt. Medizinische Bäder, Kieferbehandlungen, all das, was er brauchte, um weniger zu leiden, gibt sein Monatsbudget nicht her.

Zwischen 1957 und Anfang der sechziger Jahre wurden weltweit mehr als 10 000 Babys mit Missbildungen geboren, in Deutschland allein über 5000, nachdem ihre schwangeren Mütter das Schlafmittel Contergan genommen hatten. Als „harmlos wie Zucker- 35 plätzchen" war die Tablette angepriesen worden. Es war einer der größten Arzneimittelskandale weltweit.

Bei den gesetzlichen Krankenkassen haben Contergan-Geschädigte keinen Sonderstatus. Der Orthopäde Jürgen Graf, der seit Jahrzehnten die Opfer betreut, erzählt, dass er viele Patienten habe, die sich „nicht einmal die Bahnfahrt zu meiner Praxis leisten 40 können". Gegen solche Zustände wollten die Abgeordneten eigentlich in aller Ruhe etwas tun.

Vor ein paar Tagen schickte Markus Kurth von den Grünen einen Brief nach Bergisch Gladbach: „Könnten Sie sich nicht vorstellen, den Hungerstreik wenigstens zu unterbrechen, um die Ergebnisse der parlamentarischen Verhandlungen abzuwarten?"

45 Nein, das könnten sie noch nicht, sagen sie. Sie haben Angst, wieder in Vergessenheit zu geraten.

1 Lies den Text gründlich.

2 Fasse den Inhalt des Textes abschnittsweise in deinem Heft zusammen.

3 Erkläre mit eigenen Worten, was Contergan ist.

____

____

____

4 Bei dem Zeitungsartikel „Die Vergessenen“ handelt es sich um eine Reportage.
Suche Textstellen, die zu den folgenden Merkmalen passen, und mache Zeilenangaben.

szenischer Einstieg: ______________________________

allgemeine Hintergrundinformationen: ______________________________

anschauliche Darstellung eines Ereignisses: ______________________________

Interviewbeiträge: ______________________________

5 Welche Absicht verfolgt der Autor mit seiner Reportage hauptsächlich?
Kreuze an und begründe.

- ☐ Er will informieren.
- ☐ Er will unterhalten.
- ☐ Er will aufklären.
- ☐ Er will zum Nachdenken anregen.
- ☐ Er gibt eine Stellungnahme ab.

____

____

____

____

6 Verfasse einen Appell, in dem du zur Solidarität mit den Contergan-Opfern aufrufst.
Arbeite in deinem Heft.

Z *Zusatzaufgabe:* Wählt gemeinsam den besten Appell aus Aufgabe 6 aus und gestaltet ein Plakat zum Thema.

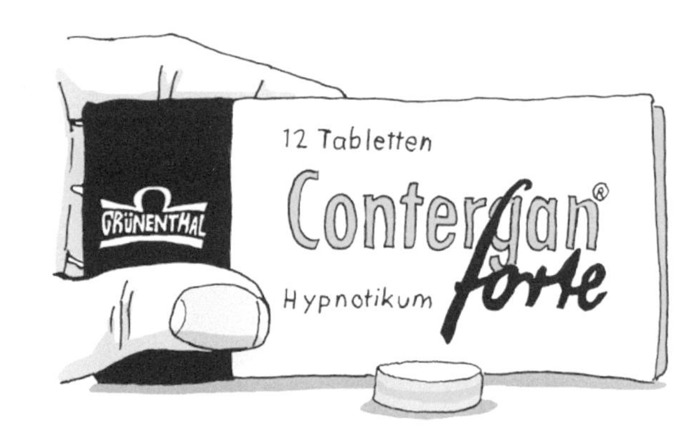

1 Lies den Text gründlich.

2 Fasse den Inhalt des Textes abschnittsweise in deinem Heft zusammen.

3 Erkläre mit eigenen Worten, was Contergan ist.

____

____

____

4 Lies die Definition der Textsorte Reportage.

Die Reportage

Die Reportage informiert anschaulich über ein aktuelles Thema. Dazu gehört häufig, dass der Reporter Beteiligte und Sachverständige befragt und ihre Antworten in direkter Rede wiedergibt. Charakteristisch ist der Wechsel zwischen der Darstellung eines Ereignisses, Hintergrundinformationen und Kommentaren des Reporters. Das persönliche Erleben des Reportes wird oft durch eine subjektive, emotionale Sprache deutlich. Der Reporter möchte die Lesenden am Erlebnis teilhaben lassen und zur Meinungsbildung beitragen.

5 Belege mit Hilfe geeigneter Textstellen, dass es sich bei dem Text „Die Vergessenen" um eine Reportage handelt. Notiere Zeilenangaben.

szenischer Einstieg: ______________________________

allgemeine Hintergrundinformationen: ______________________________

anschauliche Darstellung eines Ereignisses: ______________________________

Interviewbeiträge: ______________________________

6 Verfasse einen Appell, in dem du zur Solidarität mit den Contergan-Opfern aufrufst. Arbeite in deinem Heft.

7 Schreibe in deinem Heft einen Leserbrief, in dem du zum Thema „Höhere Rentenzahlung für Contergan-Opfer" begründet Stellung nimmst.

Z *Zusatzaufgabe:* Wählt gemeinsam den besten Appell aus Aufgabe 6 aus und gestaltet ein Plakat zum Thema.

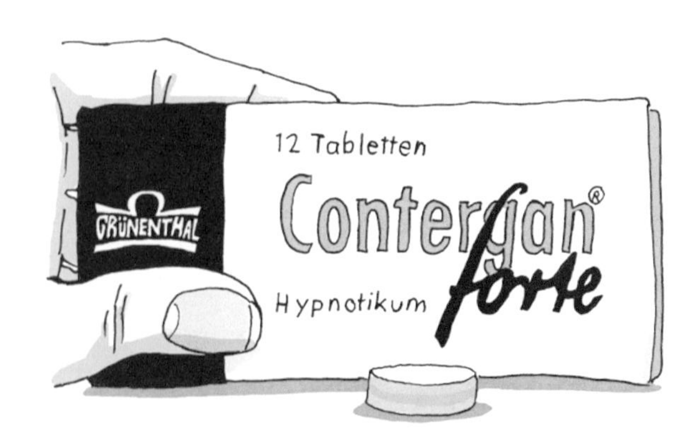

1 Lies den Text gründlich.

2 Fasse den Inhalt des Textes abschnittsweise in deinem Heft zusammen.

3 Erkläre mit eigenen Worten, was Contergan ist.

____

____

____

4 Lies die Definitionen und ordne den Text einer der beiden Textsorten zu. Kreuze an.

☐ **Die Nachricht**
Der Nachrichtenstil ist geprägt durch die Beschränkung auf Fakten und Vorgänge sowie das Bemühen um Objektivität, mit dem man den Tatsachen unvoreingenommen und unparteiisch gerecht werden will. Nachrichten sind meist im Lead-Stil (engl. lead = „Spitzenstellung") aufgebaut: Die wichtigsten Informationen stehen am Textanfang, ehe eine zusammenhängende Darstellung mit Details folgt.

☐ **Die Reportage**
Die Reportage informiert anschaulich über ein aktuelles Thema. Dazu gehört häufig, dass der Reporter Beteiligte und Sachverständige befragt und ihre Antworten in direkter Rede wiedergibt. Charakteristisch ist der Wechsel zwischen der Darstellung eines Ereignisses, Hintergrundinformationen und Kommentaren des Reporters. Das persönliche Erleben des Reportes wird oft durch eine subjektive, emotionale Sprache deutlich. Der Reporter möchte die Lesenden am Erlebnis teilhaben lassen und zur Meinungsbildung beitragen.

5 Belege deine Entscheidung aus Aufgabe 4 mit Hilfe geeigneter Textstellen.
Mache Zeilenangaben.

szenischer Einstieg: ______________________

allgemeine Hintergrundinformationen: ______________________

anschauliche Darstellung eines Ereignisses: ______________________

Interviewbeiträge: ______________________

6 Verfasse einen Appell, in dem du zur Solidarität mit den Contergan-Opfern aufrufst.
Arbeite in deinem Heft.

7 Schreibe in deinem Heft einen Leserbrief, in dem du zum Thema „Höhere Rentenzahlung für Contergan-Opfer" begründet Stellung nimmst.

Z *Zusatzaufgabe:* Wählt gemeinsam den besten Appell aus Aufgabe 6 aus und gestaltet ein Plakat zum Thema.

Die Autorenabsicht erkennen

Wie man länger Freude am Geld hat

Kassel – Im Laufe eines Monats wird das Portemonee immer schlanker. Wo sich anfangs noch ein Bündel Geldscheine breitmachte, klimpern gegen Ende nur noch ein paar Münzen. Und nicht selten bleibt am Monatsende lediglich die EC-Karte übrig, die mit teuren Dispokrediten über die mageren Tage hinweghilft. Chronischer Geldmangel 5 ist ein Problem, das längst nicht mehr nur Arbeitslosen den Schlaf raubt. „Immer mehr Menschen haben Schwierigkeiten, mit ihrem Geld auszukommen. Das liegt größtenteils daran, dass sie immer weniger Geld zum Leben haben“, sagt Claudia Kurzbuch, Geschäftsführerin der Bundesarbeitsgemeinschaft Schuldnerberatung in Kassel. Das gesunkene Einkommensniveau und gestiegene Preise machten einer breiten Bevölke- 10 rungsschicht zu schaffen.

Sparen auch mit Kleinstbeträgen

„Sparen lohnt sich auch schon bei kleinen Beträgen. Die meisten Leute haben keine Vorstellung davon, welche Summen bei geschickter Anlage aus einem einzigen Euro pro Tag entstehen können“, sagt Hans Karl Zeisel, Autor von „The MoneyBoox“, einem Spar-Ratgeber für Jugendliche. Wichtig sei, dass man sich auch mit Kleinst- 15 beträgen von einem Finanzberater unterstützen ließe. Den ersten Schritt zur Kontrolle über die eigenen Finanzen macht man, indem man sich einen detaillierten Überblick verschafft. „Dazu listet man erst einmal seine regelmäßigen Einnahmen und Ausgaben auf“, sagt Kurzbuch.

Monatliche Fixkosten beachten

Die so genannten Fixkosten, also Ausgaben, die jeden Monat getätigt werden, setzen 20 sich beispielsweise aus Kosten für Strom, Miete, Telefon und Versicherungen zusammen. „Versicherungsprämien, die man einmal im Jahr bezahlen muss, sollte man auf die zwölf Monate umrechnen und die Teilsummen dann auch monatlich zurücklegen. Dazu veranschlagt man außerdem noch eine realistische Summe für die monatlichen Lebensmittelkosten“, sagt die Finanzexpertin. Mit dieser Gesamtbilanz erhält 25 man einen ersten Eindruck davon, wie viel Geld man im Laufe eines Monats für alle nicht lebensnotwendigen Dinge ausgeben kann. Sind die Fixkosten aufgelistet, geht es ans Aufräumen. „Ständige Ausgaben sollte man wie ein Manager bei einem Großunternehmen einmal im Jahr kontrollieren“, sagt Kurzbuch. Oft ließen sich erhebliche Summen sparen, wenn man den Telefonanbieter von Zeit zu Zeit wechsele oder seinen 30 Strom bei einem günstigeren Anbieter kaufe. Kurzbuch rät, die Kündigungsfrist der jeweiligen Verträge im Kalender zu markieren, sodass man die Gelegenheit zu wechseln nicht verpasst.

Haushaltsbuch hilft weiter

Wer das Gefühl hat, das Geld rinnt ihm durch die Finger, sollte sich außerdem ein Haushaltsbuch zulegen. „Dort trägt man, aufgeteilt nach Lebensbereichen, 35 alle Ausgaben ein, die im Laufe des Monats anfallen“, sagt Kurzbuch. Wichtig sei, dass man tatsächlich jeden Einkauf dokumentiere – auch das Päckchen Kaugummi am Kiosk. So komme man oft Luxuskäufen auf die Schliche, die Monat für Monat das Konto leerfressen. Wer Mühe hat, sein Geld zu kontrollieren, sollte laut Kurz- 40 buch komplett auf Kartenzahlungen verzichten.

1 Lies die Überschrift. Worum könnte es in diesem Text gehen?
Notiere deine Vermutung.

____

2 Lies den Text genau und fasse seinen Inhalt kurz zusammen.

Der Zeitungstext „Wie man länger Freude am Geld hat" informiert darüber, ________

____

____

____

3 Warum leiden so viele Menschen an „chronischem Geldmangel"?
Schreibe Ursachen aus dem Text heraus. Lies dazu noch einmal Abschnitt 1.

____

____

4 Welche Absicht (Intention) verfolgt der Autor mit seinem Artikel?
Antworte mit Hilfe der folgenden Fragen.

- Will der Autor informieren?
- Äußert der Autor seine Meinung?
- Richtet sich der Autor an seine Leser?
- Gibt es eine bestimmte Zielgruppe?
- Will er das Verhalten der Zielgruppe beeinflussen?

____

____

____

____

____

5 Welche Ratschläge des Autors sind auch für dich interessant?
Antworte in deinem Heft.

6 Gestalte ein Plakat zum Thema „Was tun bei Geldmangel?".
Nutze dazu Informationen aus dem Text und ergänze eigene Ideen.

7 „Wer Mühe hat, sein Geld zu kontrollieren, sollte komplett auf Kartenzahlungen verzichten." Stütze diese Forderung mit mindestens zwei Argumenten.
Schreibe in dein Heft.

Die Autorenabsicht erkennen

1 Lies die Überschrift. Worum könnte es in diesem Text gehen?
Notiere deine Vermutung.

2 Lies den Text genau und fasse seinen Inhalt kurz zusammen.

3 Warum leiden so viele Menschen an „chronischem Geldmangel"?
Schreibe Ursachen aus dem Text heraus.

4 Welche Absicht (Intention) verfolgt der Autor mit seinem Artikel?
Um das herauszufinden, beantworte in deinem Heft die folgenden Fragen in ganzen Sätzen:

- Will der Autor informieren?
- Äußert der Autor seine Meinung?
- Richtet sich der Autor an seine Leser?
- Gibt es eine bestimmte Zielgruppe?
- Will der Autor das Verhalten der Zielgruppe beeinflussen?

5 Welche Ratschläge des Autors sind auch für dich interessant?
Antworte in deinem Heft.

6 Gestalte ein Plakat zum Thema „Was tun bei Geldmangel?".
Nutze dazu Informationen aus dem Text und ergänze eigene Ideen.

7 „Wer Mühe hat, sein Geld zu kontrollieren, sollte komplett auf Kartenzahlungen verzichten". Stütze diese Forderung mit mindestens drei Argumenten.
Schreibe in dein Heft.

8 Schon Jugendliche tappen in die Schuldenfalle. Erläutere ausführlich an zwei Beispielen, wie es dazu kommen kann. Die folgenden Stichworte können dir dabei helfen.
Arbeite in deinem Heft.

Ratenkauf Werbung Vorbilder Verführung

Die Autorenabsicht erkennen

1 Lies die Überschrift. Worum könnte es in diesem Text gehen?
Notiere deine Vermutung.

2 Lies den Text genau und fasse seinen Inhalt kurz zusammen.

3 Warum leiden so viele Menschen an „chronischem Geldmangel“?
Schreibe Ursachen aus dem Text heraus und ergänze weitere
aus deinem eigenen Erfahrungsbereich.

4 Welche Intention verfolgt der Autor mit seinem Artikel? Wen spricht er an?
Was will er erreichen? Antworte in einem zusammenhängenden Text.

5 „Wer Mühe hat, sein Geld zu kontrollieren, sollte komplett
auf Kartenzahlungen verzichten“. Stütze diese Forderung
mit vier Argumenten. Schreibe in dein Heft.

6 Gestalte ein Plakat zum Thema „Was tun bei Geldmangel?“.
Nutze dazu Informationen aus dem Text und ergänze eigene Ideen.

7 Auch das Fernsehen hat das Thema „Schulden“ entdeckt und sendet erfolgreich Shows,
in denen verschuldete Menschen ihre finanzielle Situation offenlegen und sich beraten
lassen. Gehört das Thema „Schulden“ in eine Fernsehshow? Welche Vorteile und welche
Nachteile siehst du für die Schuldner? Begründe deine Meinung in deinem Heft.

Ein Schaubild beschriften, Vor- und Nachteile eines Sachverhalts erörtern

Grüner Strom aus dem Watt

Großbritannien plant das größte Gezeitenkraftwerk der Welt: Klimafreundlich soll es fünf Prozent des britischen Stromes liefern. Umweltschützer sind dennoch dagegen.

Der Severn ist der längste Fluss des Königreiches und ein seltsamer zugleich: Bei Springflut verwandelt sich der gut 350 Kilometer lange Strom in ein Paradies der Wellenreiter, denn dann donnert hier plötzlich eine gewaltige Flutwelle vom Atlantik kommend mehrere Kilometer den Fluss hinauf.
Nun überlegt Großbritannien, mit einem Bauwerk von geradezu chinesischer Dimension* der Riesenwelle und den Freizeitsportlern das Wasser abzugraben und die Energie stattdessen für die Stromerzeugung zu nutzen. Severn Barrage soll das größte Gezeitenkraftwerk der Welt werden, eine 16 Kilometer lange Sperre quer über den Meeresarm zwischen Südengland und Südwales. Hier sollen Turbinen ungeheuerliche Mengen an Strom liefern, mit 8,6 Gigawatt Leistung, so viel wie acht Atomkraftwerke. Das wäre genug, um fünf Prozent des derzeitigen britischen Strombedarfs zu erzeugen, all dies nachhaltig und ohne jeden Ausstoß von klimaschädlichem CO^2.
Die Severn-Mündung ist von der Natur wie geschaffen für so ein Megakraftwerk. Ihr Geheimnis ist der enorme Tidenhub von bis zu 15 Metern; einen größeren Unterschied zwischen Hoch- und Niedrigwasser gibt es fast nirgendwo auf der Welt. Mit jeder Flut ergießen sich zweimal am Tag ungeheure Wassermengen in die trichterförmige Severn-Mündung. Dieses Wasser soll in Zukunft gestaut werden und beim Abfließen während der Ebbe bis zu 216 Riesenturbinen antreiben, jede mit einem Durchmesser von neun Metern.
Neu sind diese Pläne nicht, sogar die Nazis erwogen schon einen solchen Damm für die Zeit nach dem Sieg gegen Großbritannien. Auch britische Regierungen liebäugelten immer wieder mit dieser Idee, verwarfen jedoch immer wieder dieses überdimensionierte Projekt. Heute aber unter dem Druck rekordteurer Energie und der Klimadebatte hat das Projekt wieder Auftrieb wie noch nie. Eine Machbarkeitsstudie ist in Auftrag gegeben. Die Kosten werden auf mindestens 19 Milliarden Euro, die Bauzeit auf acht Jahre geschätzt. Technisch dürfte der Anlage nichts im Wege stehen: in Frankreich läuft das Gezeitenkraftwerk „La Rance“ bereits seit 1966 ohne Probleme, es ist bedeutend kleiner aber von der Bauart vergleichbar.
Mindestens zehn Umweltorganisationen haben sich jedoch gegen das Projekt ausgesprochen. Es gefährde zahlreiche Lebensräume und Arten. Die Sperre würde den Tidenhub auf der Innenseite des Dammes erheblich verringern. Das hätte zur Folge, dass weite Wattflächen, die jetzt mal überflutet und dann wieder trocken sind, verloren gingen und permanent im Wasser versänken. Viele Wattvögel wären heimatlos, Fische könnten die Barriere auf dem Weg in ihre Laichgebiete nicht überwinden.
Hier am Severn muss sich Großbritannien entscheiden: Sicher verfügbarer klimaneutraler Strom in großen Mengen oder eine unter Schutz stehende in Europa einzigartige Wattlandschaft, die für Lachs, Meeresforelle und Aal eine Kinderstube und für Zugvögel eine bedeutende Raststation ist.

* chinesische Dimension: Gemeint ist ein Bauwerk von gewaltigen Ausmaßen.

1 Lies den Text genau und kreuze an. Es geht um:

- ☐ die Bedeutung regenerativer (= erneuerbarer) Energiequellen
- ☐ die Vor- und Nachteile eines bestehenden Gezeitenkraftwerkes
- ☐ die Nutzung des Severn-Deltas in Großbritannien
- ☐ die Vor- und Nachteile eines geplanten Gezeitenkraftwerkes in Großbritannien

2 Beschrifte die Skizze eines Gezeitenkraftwerkes mit Hilfe der folgenden Wörter.

Ebbepegel
Flutpegel
Damm
verschließbare Tore

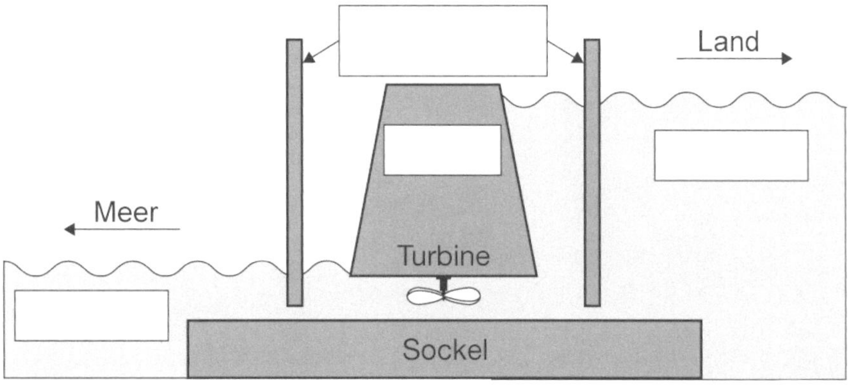

Land
Meer
Turbine
Sockel

3 Erkläre die Funktionsweise eines Gezeitenkraftwerkes, indem du den Lückentext ergänzt.

Die Flut presst enorme Mengen _____________ in die Flussmündung.

Die ________________________________ schließen sich, sobald die Ebbe naht.

Beim Abfließen des Wassers werden die _____________ angetrieben.

4 Die Severn-Mündung scheint für ein Gezeitenkraftwerk wie geschaffen.
Nenne stichpunktartig Gründe dafür. Lies dazu noch einmal Absatz 3.

____

5 Beschreibe stichpunktartig nicht erneuerbare und erneuerbare Energiequellen.
Informiere dich im Internet.

nicht erneuerbare Energiequellen	erneuerbare Energiequellen

6 Das Großprojekt am Severn hat viele Vor- und Nachteile.
Erörtere sie in einem zusammenhängenden Text.
Schreibe in dein Heft.

Tipp: Nutze die Informationen des Textes und deine Lösungen von Aufgabe 4 und 5.

1 Lies den Text genau und kreuze an. Es geht um:

- ☐ die Bedeutung regenerativer (= erneuerbarer) Energiequellen
- ☐ die Vor- und Nachteile eines bestehenden Gezeitenkraftwerkes
- ☐ die Nutzung des Severn-Deltas in Großbritannien
- ☐ die Vor- und Nachteile eines geplanten Gezeitenkraftwerkes in Großbritannien

2 Beschrifte die Skizze eines Gezeitenkraftwerkes mit Hilfe der folgenden Wörter.

Ebbepegel
Flutpegel
Damm
verschließbare Tore

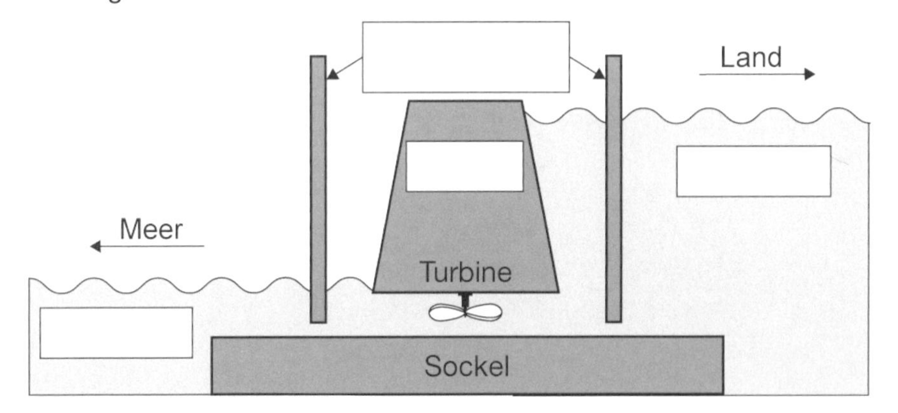

3 Erkläre die Funktionsweise eines Gezeitenkraftwerkes, indem du die folgenden Sätze ergänzt.

Die Flut ______________________________

Die Tore ______________________________

Beim Abfließen entsteht ______________________________

4 Wieso ist die Severn-Müdung für ein Gezeitenkraftwerk wie geschaffen? Erläutere in ganzen Sätzen in deinem Heft.

5 Erkläre die Überschrift „Grüner Strom aus dem Watt“ mit eigenen Worten.

____

6 Beschreibe stichpunktartig nicht erneuerbare und erneuerbare Energiequellen. Informiere dich im Internet.

nicht erneuerbare Energiequellen	erneuerbare Energiequellen

7 Das Großprojekt am Severn hat viele Vor- und Nachteile. Erörtere sie in einem zusammenhängenden Text. Schreibe in dein Heft.

1 Lies den Text genau und schreibe in einem Satz auf, worum es geht.

____

____

2 Beschrifte die Skizze eines Gezeitenkraftwerkes mit Hilfe der folgenden Wörter.

Ebbepegel
Flutpegel
Damm
verschließbare Tore

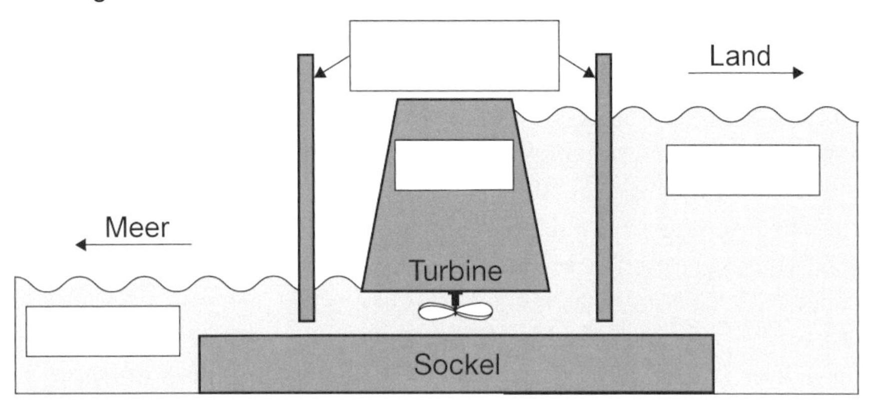

3 Erkläre die Funktionsweise eines Gezeitenkraftwerkes.

____

____

____

4 Wieso ist die Severn-Müdung für ein Gezeitenkraftwerk wie geschaffen? Erläutere in ganzen Sätzen in deinem Heft.

5 Handelt es sich wirklich um „grünen" Strom? Welches Gegenargument ließe sich anführen? Notiere.

____

____

6 Beschreibe stichpunktartig nicht erneuerbare und erneuerbare Energiequellen. Informiere dich im Internet.

nicht erneuerbare Energiequellen	erneuerbare Energiequellen

7 Das Großprojekt am Severn hat viele Vor- und Nachteile. Erörtere sie in einem zusammenhängenden Text. Schreibe in dein Heft.

Thesen belegen und widerlegen

Gähnen

Gähnen oder allgemeiner ein gelegentliches Mundaufsperren ist eine verbreitete Angewohnheit. Menschen beginnen damit bereits im Mutterleib, in einem Alter, in dem sie ansonsten noch fast gar nichts können. Ausgelöst wird der Gähnprozess offenbar durch einen ganzen Cocktail aus Hormonen, denen man hilflos ausgeliefert ist.
Gesunde Menschen gähnen am häufigsten kurz nach dem Aufwachen und kurz vor dem Einschlafen. Männer gähnen wahrscheinlich häufiger als Frauen und in Ausnahmefällen kann zu ausgiebiges Gähnen zu einer schmerzhaften Ausrenkung des Kiefergelenks führen. Langweilig ist die Gähnforschung jedenfalls selten.
Oft hört man, die Ursache des Gähnens sei Sauerstoffmangel. Angeblich, so der Volksglaube, gähnen Menschen, wenn sie in schlecht durchlüfteten Räumen sitzen, und zwar, um durch das weite Aufsperren des Mundes an mehr Luft zu kommen. Dieser Gedankengang ist vermutlich zu simpel, um wahr zu sein. Warum gähnen ungeborene Babys im Mutterleib, wo sie durch die Nabelschnur (und nicht durch den Mund) mit Sauerstoff versorgt werden? Der Psychologe Richard Provine und seine Mitarbeiter beschäftigen sich seit Ende der 1980er Jahre mit dem Phänomen Gähnen: Die Forscher maßen, ob die vermehrte Zufuhr von Sauerstoff das Gähnen reduziert und ob die Zufuhr von mit Kohlenstoffdioxid angereicherter Luft zu mehr Gähnen führt. Und schließlich überprüften sie auch, ob sportliche Aktivität zum Gähnen anregt. Das Ergebnis war in allen Fällen eindeutig negativ – „schlechte Luft“ und Sauerstoffmangel sind möglicherweise Ursachen von Müdigkeit, aber wahrscheinlich eher nicht Auslöser des Gähnens.
Provine zeigte sich zunächst überrascht von seinen Ergebnissen. Er glaubt seitdem, dass Gähnen nichts mit der Atmung zu tun hat, sondern mit der Änderung des Wachheitszustandes, dass es also dann auftritt, wenn Menschen entweder müde werden oder munter. Sein Kollege Ronald Baenninger liefert für den zweiten Fall einige experimentelle Belege. Dabei kam heraus, dass Gähnen typischerweise Phasen hoher Aktivität vorausgeht. Vielleicht erklärt dieser Ansatz die seltsame Gähnhäufigkeit bei Marathonläufern kurz vor dem Start: Sie werden gerade richtig wach. Es kann sein, dass beim Mundaufsperren ein zusätzlicher Schub Blut ins Hirn gepumpt und so die Aufmerksamkeit erhöht wird. Aber warum gähnen wir dann auch beim Müdewerden, wie jeder bestätigen kann? Dient Gähnen in diesem Fall als ein Alarm, um dem Körper klarzumachen, dass es so nicht weitergeht?
Das große Problem bei den Erklärungsversuchen sind die stark unterschiedlichen Kontexte, in denen Gähnen auftritt. Zum einen gibt es vermutlich die rein körperliche Komponente, man gähnt entweder, um tief einzuatmen, den Kreislauf anzuregen oder einfach als Dehnungsübung der Gesichtsmuskeln. Außerdem öffnet Gähnen die Verbindung zwischen Mundhöhle und Ohr, die eustachische Röhre, und sorgt so für Druckausgleich im Mittelohr, zum Beispiel bei Erkältungen oder bei der Flugzeuglandung. Gähnen ist daher gesund, darüber sind sich alle Experten einig.
Zum anderen aber scheint Gähnen eine soziale, kommunikative Komponente zu haben. Gähnen ist ansteckend. Vielleicht handelt es sich um eine schnelle und effektive Methode, lebensnotwendige Dinge ohne viel Gerede zu klären. Nach der These des Hirnforschers Steven Platek und seiner Gruppe ist die Gähnansteckung jedoch ein Akt des Mitgefühls. Das können wir übrigens auch nicht verhindern, indem wir uns die Hand vor den Mund halten. Das Gehirn ist schlau genug, trotzdem zu erkennen, dass der andere gähnt.

Thesen belegen und widerlegen

1 Was weißt du über das Gähnen? Notiere.

______

______

______

2 Lies den Text sorgfältig. Markiere dabei wichtige Begriffe und kläre unbekannte Wörter.

3 Belege oder widerlege die folgenden Thesen oder Behauptungen mit eigenen Worten. Der Text und die folgenden Formulierungen können dir dabei helfen.

Die These, dass …, ist unzutreffend/zutreffend, da …
Die Behauptung, dass …, stimmt/stimmt nicht, weil …
Diese These wurde widerlegt.

Behauptung 1: Die Ursache des Gähnens ist Sauerstoffmangel.

______

______

______

______

______

Behauptung 2: Gähnen ist ansteckend und die Wissenschaft weiß auch, warum.

______

______

______

______

4 Welche Funktionen werden dem Gähnen von Seiten der Wissenschaft zugeschrieben? Notiere Stichpunkte.

körperliche Funktion: ______

______

soziale Funktion: ______

kommunikative Funktion: ______

Z *Zusatzaufgabe:* Gähnen gilt in der Gesellschaft als unhöflich. Notiere gemeinsam mit deinem Banknachbarn zehn Höflichkeitsregeln.

Tipp: Informiere dich in einem Buch oder im Internet.

1 Was weißt du über das Gähnen? Notiere.

2 Lies den Text sorgfältig. Markiere dabei wichtige Begriffe und kläre unbekannte Wörter.

3 Belege oder widerlege die folgenden Thesen oder Behauptungen mit eigenen Worten. Der Text und die folgenden Formulierungen können dir dabei helfen.

Die These, dass …, ist unzutreffend/zutreffend, da …
Die Behauptung, dass …, stimmt/stimmt nicht, weil …
Diese These wurde widerlegt.

Behauptung 1: Die Ursache des Gähnens ist Sauerstoffmangel.

Behauptung 2: Gähnen ist ansteckend und die Wissenschaft weiß auch, warum.

Behauptung 3: Gähnen ist gesund.

4 Welche Funktionen werden dem Gähnen von Seiten der Wissenschaft zugeschrieben? Notiere Stichpunkte.

körperliche Funktion: ______

______ Funktion: ______

______ Funktion: ______

Z *Zusatzaufgabe:* Gähnen gilt in der Gesellschaft als unhöflich. Notiere gemeinsam mit deinem Banknachbarn zehn Höflichkeitsregeln.

Tipp: Informiere dich in einem Buch oder im Internet.

1 Lies den Text sorgfältig. Markiere dabei wichtige Begriffe und kläre unbekannte Wörter.

2 Belege oder widerlege die folgenden Thesen oder Behauptungen mit eigenen Worten. Der Text und die folgenden Formulierungen können dir dabei helfen.

Die These, dass …, ist unzutreffend/zutreffend, da …
Die Behauptung, dass …, stimmt/stimmt nicht, weil …
Diese These wurde widerlegt.

Behauptung 1: Die Ursache des Gähnens ist Sauerstoffmangel.

____

____

____

____

____

Behauptung 2: Gähnen ist ansteckend und die Wissenschaft weiß auch, warum.

____

____

____

____

Behauptung 3: Gähnen ist gesund.

____

____

____

Behauptung 4: Man gähnt nur, wenn man müde ist.

____

____

____

3 Welche Funktionen werden dem Gähnen von Seiten der Wissenschaft zugeschrieben? Notiere Stichpunkte in deinem Heft.

4 Welche der im Text beschriebenen Funktionen des Gähnens hältst du für eher unwahrscheinlich? Begründe deine Einschätzung in deinem Heft.

Z *Zusatzaufgabe:* Gähnen gilt in der Gesellschaft als unhöflich. Notiere gemeinsam mit deinem Banknachbarn zehn Höflichkeitsregeln.

Tipp: Informiere dich in einem Buch oder im Internet.

Ein Thema kontrovers erörtern

Die Rückkehr der Wölfe

Irgendwann kamen unsere Vorfahren auf die Idee, Wolfsjunge zu zähmen und aufzuziehen. Doch über die Jahrtausende geriet diese wilde Freundschaft in Vergessenheit, stattdessen wurden die Wölfe in der Fantasie der Menschen zu blutrünstigen Bestien.
5 Gnadenlos machte man Jagd auf sie. Nur in abgelegenen Wäldern und Bergregionen, vor allem in Osteuropa, überlebten die scheuen Wildtiere. Doch von dort wagen sich die Raubtiere neuerdings ganz allmählich über die Grenze zurück nach Deutschland. Schätzungsweise 40 Wölfe leben wieder in der Bundesrepublik.
Weil sich der Canis lupus in der Lausitz im äußersten Osten Deutschlands immer weiter
10 ausbreitet, steht das Telefon des Verwaltungschefs selten still. Aufgeregte Bürger wollen Wölfe mitten im Ort gesichtet haben und lassen die Kinder nicht mehr allein in den Wald. Schäfer beklagen trotz hoher Elektrozäune zerfetzte Tiere, schon 16 Übergriffe gab es in diesem Jahr. „Sicherheit vor dem Wolf gibt es nicht", knurrt der CDU-Bürgermeister in seinem Büro.
15 Seit der streng geschützte europäische Grauwolf die weitgehend menschenleeren Reviere in der Lausitz hinter sich lässt und plötzlich bis Sachsen-Anhalt, Hessen und Niedersachsen wandert, greift das Rotkäppchen-Syndrom in Deutschland um sich. Allein in Sachsen und Brandenburg wurden in den vergangenen zehn Jahren 800-mal Wölfe gesichtet, die inzwischen auch dicht an den Siedlungen vorbeischleichen.
20 Was Tierschützer in Verzückung setzt, macht vielen Angst. Naturschützer und verängstigte Bürger treffen in der Lausitz aufeinander. Der Saal der „Guten Quelle" in Lippitsch ist schon aufgeheizt, als es aus dem Ortsvorsteher herausbricht: „Man kann ohne Messer nicht mehr in den Wald gehen." Jäger hätten bereits Wölfe gesehen, „die erwartungsvoll mit dem Schwanz wedelnd" auf Menschen warteten. „Man kann ein
25 Raubtier nicht unbejagt lassen", ereifert sich ein Jäger, der in dem grauen Einwanderer einen harten Konkurrenten sieht. Beide jagen nach dem Muffelwild der Muskauer Heide. Die Verbreitung der Wölfe müsse reguliert werden, bevor Schlimmeres passiere. So nervös ist die Stimmung im Wolfsrevier, dass besorgte Anwohner fragen, ob die Wölfe in harten Wintern nicht sogar über Menschen herfallen. Für Jana Schellenberg
30 vom staatlichen Kontaktbüro „Wolfsregion Lausitz" ist das allenfalls Jägerlatein. Den bösen Wolf gebe es wirklich nur im Märchen. Kaum ein Wildtier sei so selten zu beobachten wie der Canis lupus. Er gehe dem Menschen aus dem Weg, wo er nur kann. Außerdem stehen Wölfe unter Naturschutz und dürfen nicht gejagt werden. In den vergangenen 50 Jahren habe es in Europa neun Übergriffe von Wölfen auf Menschen
35 gegeben. Fünf Tiere davon waren an Tollwut erkrankt. „Da Tollwut in Deutschland nicht mehr vorkommt, ist das für uns kein Problem." Die restlichen vier Fälle hätten sich in Spanien in der Nähe einer Hühnerfarm ereignet, wo die Tiere dem Menschen zu nahe gekommen seien und Abfälle der Fabrik gefressen hätten. „Solche Tiere müssen entfernt werden."
40 Auch das sächsische Umweltministerium bleibt nicht untätig. Es ließ so genannte Maremma-Hunde aus der Schweiz bringen, die in Bären- und Wolfsabwehr geübt sind. Wolfsgegner indessen sorgen weiterhin für eine Anti-Wolf-Stimmung. Als sich Bürgermeister der Region Ende September zu einer weiteren Wolfskonferenz verabredeten, tauchte prompt ein Wolf mitten im Städtchen Wittichenau auf. Statt unschuldige Kinder
45 anzufallen, ließ sich das Tier mit einer Bratwurst aus der Kantine füttern. Der Welpe, stellte sich heraus, war nicht nur an Menschen gewöhnt, er war fast vollständig blind.

1 Notiere dein Vorwissen zum Thema „Wolf“ stichpunktartig.

WOLF

Märchenfigur	Wildtier
__________	__________
__________	__________
__________	__________

2 Lies den Text genau und fasse ihn kurz zusammen.

In diesem Text geht es um die Rückkehr der Wölfe nach ____________________

____

____

3 Erkläre den Begriff „Rotkäppchen-Syndrom“.

____

____

____

____

Tipp: Verwende das Wörterbuch und lies noch einmal im Text nach.

4 Was spricht dafür, was dagegen, den Wolf in Deutschland zu jagen? Unterstreiche die beiden Positionen im Text mit unterschiedlichen Farben und notiere sie stichwortartig in der Tabelle.

pro Wolf	kontra Wolf

5 Erörtere das Thema „Wölfe in Deutschland – Ja oder Nein?“ in deinem Heft.

Gehe so vor:
- Schreibe eine Einleitung, in der du darstellst, warum dieses Thema von Interesse ist.
- Stelle beide Positionen dar. Achte auf vollständige Argumente.
- Nimm zum Schluss begründet Stellung.

1 Notiere dein Vorwissen zum Thema „Wolf" stichpunktartig.

WOLF

Märchenfigur	**Wildtier**
______	______
______	______
______	______

2 Lies den Text genau und fasse ihn kurz zusammen.

In diesem Text geht es um ______

______

______

______

3 Erkläre den Begriff „Rotkäppchen-Syndrom".

______

______

______

4 Was spricht dafür, was dagegen, den Wolf in Deutschland zu jagen? Unterstreiche die beiden Positionen im Text mit unterschiedlichen Farben und notiere sie stichwortartig in der Tabelle.

pro Wolf	**kontra Wolf**

5 Die Diskussion um den Wolf wird sehr emotional geführt. Belege diese Behauptung anhand von drei Textstellen. Schreibe in dein Heft.

6 Erörtere das Thema „Wölfe in Deutschland – Ja oder Nein?" in deinem Heft.

Gehe so vor:
- Schreibe eine Einleitung, in der du darstellst, warum dieses Thema von Interesse ist.
- Stelle beide Positionen dar. Achte auf vollständige Argumente.
- Nimm zum Schluss begründet Stellung.

1 Notiere dein Vorwissen zum Thema „Wolf" stichpunktartig.

WOLF

Märchenfigur	**Wildtier**
______________________	______________________
______________________	______________________
______________________	______________________

2 Lies den Text genau und fasse ihn zusammen.

____

____

____

____

3 Erkläre den Begriff „Rotkäppchen-Syndrom".

____

____

____

4 Was spricht dafür, was dagegen, den Wolf in Deutschland zu jagen?
Unterstreiche die beiden Positionen im Text mit unterschiedlichen Farben
und notiere sie stichwortartig in der Tabelle.

pro Wolf	**kontra Wolf**

5 Welche Position vertritt der Autor? Ist er auf der Seite der Wolfsgegner oder der Wolfsbefürworter? Belege deine Antwort mit Textstellen. Arbeite in deinem Heft.

6 Die Diskussion um den Wolf wird sehr emotional geführt. Belege diese Behauptung anhand von vier Textstellen. Schreibe in dein Heft.

7 Erörtere das Thema „Wölfe in Deutschland – Ja oder Nein?" in deinem Heft. Gehe so vor:
- Schreibe eine Einleitung, in der du darstellst, warum dieses Thema von Interesse ist.
- Stelle beide Positionen dar.
  Achte auf vollständige Argumente.
- Nimm zum Schluss begründet Stellung.

Parodie und Satire erkennen, Stellung nehmen

Grenzen dicht für Fremdobst

Satire *Der geplante NPD-Parteitag sorgt für Widerstand in Bamberg. „Front deutscher Äpfel" nennt sich eine „Initiative gegen Überfremdung deutschen Obstbestandes". Sie macht Stimmung gegen Rechts mit den Mitteln der Parodie.*

Rote Armbinden, schwarze Uniformen, leere Phrasen? Auf den ersten Blick sehen die jungen Männer einer Neonazigruppe erschreckend ähnlich. Doch die Befürchtungen sind unbegründet. Mit den Symbolen des Nationalsozialismus und der NPD haben die Studenten nur so viel zu tun wie Äpfel mit einer rechtsideologischen Weltsicht. Doch
5 für die parodistische Veräppelung ewig gestriger Gedanken ist Kernobst schon eine gute Alternative. „Was gibt der deutschen Jugend Kraft – Apfelsaft, Apfelsaft!" Auch Humor kann eine scharfe Waffe sein. Während sich in diesen Tagen fränkische Städte einen juristischen Kleinkrieg mit der NPD liefern, verfolgt die „Nationale Initiative gegen die Überfremdung des deutschen Obstbestandes" ein gemeinsames Ziel: Sie
10 wollen Stimmung machen gegen Rechts, indem sie Symbole der Nationalsozialisten parodieren, ihre Rituale imitieren und vor einem neuen Hintergrund lächerlich machen. So zeigen sie sich streng hierarchisch organisiert, nehmen Frauen nur als untergeordnete Mitglieder mit Zöpfen auf und sind neben ihrem Ortsgruppenleiter auch dem Apfelfront-Gauleiter zu Gehorsam verpflichtet. Auch in der ausschließlich deutschen Sprache
15 parodieren sie den Jargon der Rechtsextremisten. So nennen sie ihren Gründer „Führer", ihre Homepage wird als „Heimseite" und die Flyer als „Flieger" bezeichnet.
Vor ihrem ersten Auftritt haben sich die jungen Leute mit den wichtigsten Utensilien „für den Kampf gegen Südfrüchte und anderes Fremdobst" gewappnet. Es sind die roten Binden mit dem Symbol des Apfels und vor allem die Apfelfahne, „ob grün, ob rot, der
20 deutsche Apfel ist bedroht", erklärt der Ortsgruppenleiter. Disziplin und korrektes Auftreten der Gruppe sind wichtig. „Wir sind der bestgekleidete, frisch geduschte und bestaussehende schwarze Block."
Die „Front deutscher Äpfel" (FDÄ) ist kein fränkisches Gewächs. Sie wurde 2004 in Leipzig gegründet. Sie unterteilt sich auch in Anlehnung an rechtsextreme Strukturen
25 in zahlreiche Untergruppen wie die Jugendorganisation „Nationales Frischobst Deutschland" (NFD), die Frauenorganisation „Bund weicher Birnen" (BWB) und zahlreiche lokale Gaue. Die Parole, mit der sich die Apfelfront-Kämpfer aller Länder zu erkennen geben, heißt: „Heil Boskop!"
Bei ihren Auftritten sammelt die Gruppe erste Erfahrungen mit dem ungleichen Kampf
30 zwischen Parodie und bitterem Ernst. Als Teil angemeldeter bürgerlicher Demonstrationen gegen die NPD gelingt es ihr, die bierernste Stimmung bei den Gegnern der Rechten aufzulockern und auch den NPD-Block zu irritieren. „Wir sind die einzig wahre nationale Kraft!"

Die Zentralforderungen der Apfelfront sind:
35 Fremdobst: „Keine Überfremdung des deutschen Obstbestandes mehr! In der Vergangenheit wurden rein deutsche Obstsorten wieder und wieder durch das Aufpfropfen fremder Arten verunreinigt!"
Südfrüchte: „Südfrüchte raus! Es kann nicht angehen, dass deutsche Kinder mit Bananen und Apfelsinen aufwachsen und den Nährwert eines guten deutschen Apfels
40 nicht mehr zu schätzen wissen. Deshalb Grenzen dicht für Fremdobst."
Fallobst: „Unter unseren deutschen Bäumen lungert immer mehr faules Fallobst herum. Macht Fallobst zu Mus!"

1 Lies den Text sorgfältig und notiere in deinem Heft, wie er auf dich wirkt.

2 Fasse das Ziel der „Apfelfront" in einem Satz zusammen.

3 Lies die folgenden Definitionen. Unterstreiche dabei wichtige Merkmale der Parodie und der Satire.

Parodie
Unter einer Parodie versteht man die gezielte Umwandlung eines bestehenden Textes in satirischer Absicht. Die Parodie ahmt bestimmte Formmerkmale eines Textes nach, übertreibt sie oder füllt sie mit anderen Inhalten, wobei der Ursprungstext weiterhin erkennbar bleibt.

Satire
Als Satire bezeichnet man eine Spottdichtung, die Kritik an menschlichen Schwächen und Lastern oder gesellschaftlichen Missständen übt. Dabei bedient sich die Satire besonderer Darstellungsverfahren wie der Verzerrung, des Rollenwechsels, der Sprachmusterverschiebung oder des „fremden Blicks". Häufig eingesetzt werden außerdem sprachliche Mittel wie die Über- oder Untertreibung, Ironie, Mehrdeutigkeit, Situationskomik, Metaphern, Vergleiche und ein auffälliger Satzbau. Die Satire ist keine spezielle Textart, sie ist in allen literarischen Gattungen möglich.

4 Belege anhand passender Textstellen, dass die „Apfelfront" Nationalsozialisten parodiert. Gehe dabei zum Beispiel auf Kleidung, Farben, Tugenden, Parolen und die Organisation der Gruppe ein. Arbeite in deinem Heft.

5 Inwiefern lassen sich die Aktionen der „Apfelfront" auch als satirisch beschreiben? Erläutere in wenigen Sätzen.

6 Erkläre die „Zentralforderungen" der FDÄ. Worauf wird mit „Fremdobst", „Südfrüchte" und „Fallobst" angespielt?

7 Bei oberflächlicher Betrachtung sieht die FDÄ einer Neonazi-Gruppe erschreckend ähnlich. Siehst du darin eine Gefahr? Nimm Stellung in deinem Heft.

1 Lies den Text sorgfältig und notiere in deinem Heft, welche Wirkungsabsicht der Autor mit seinem Text verfolgt.

2 Fasse das Ziel der „Apfelfront" in einem Satz zusammen.

___

3 Lies die folgenden Definitionen. Unterstreiche dabei wichtige Merkmale der Parodie und der Satire.

Parodie
Unter einer Parodie versteht man die gezielte Umwandlung eines bestehenden Textes in satirischer Absicht. Die Parodie ahmt bestimmte Formmerkmale eines Textes nach, übertreibt sie oder füllt sie mit anderen Inhalten, wobei der Ursprungstext weiterhin erkennbar bleibt.

Satire
Als Satire bezeichnet man eine Spottdichtung, die Kritik an menschlichen Schwächen und Lastern oder gesellschaftlichen Missständen übt. Dabei bedient sich die Satire besonderer Darstellungsverfahren wie der Verzerrung, des Rollenwechsels, der Sprachmusterverschiebung oder des „fremden Blicks". Häufig eingesetzt werden außerdem sprachliche Mittel wie die Über- oder Untertreibung, Ironie, Mehrdeutigkeit, Situationskomik, Metaphern, Vergleiche und ein auffälliger Satzbau. Die Satire ist keine spezielle Textart, sie ist in allen literarischen Gattungen möglich.

4 Belege anhand passender Textstellen, dass die „Apfelfront" Nationalsozialisten parodiert. Arbeite in deinem Heft.

5 Inwiefern lassen sich die Aktionen der „Apfelfront" auch als satirisch beschreiben? Erläutere in wenigen Sätzen.

___

___

___

___

6 Worauf wird mit „Fremdobst", „Südfrüchte" und „Fallobst" angespielt? Erkläre.

___

___

___

___

7 Auch Humor kann eine scharfe Waffe sein. Erläutere diese Aussage in deinem Heft.

8 Bei oberflächlicher Betrachtung sieht die FDÄ einer Neonazi-Gruppe erschreckend ähnlich. Siehst du darin eine Gefahr? Nimm Stellung in deinem Heft.

1 Lies den Text sorgfältig und notiere in deinem Heft, welche Intention der Autor mit seinem Text verfolgt.

2 Wie beurteilt der Autor die Aktionen der FDÄ? Antworte mit Hilfe von Textstellen in deinem Heft.

3 Fasse das Ziel der „Apfelfront" in einem Satz zusammen.

____

4 Lies die folgenden Definitionen. Unterstreiche dabei wichtige Merkmale der Parodie und der Satire.

Parodie
Unter einer Parodie versteht man die gezielte Umwandlung eines bestehenden Textes in satirischer Absicht. Die Parodie ahmt bestimmte Formmerkmale eines Textes nach, übertreibt sie oder füllt sie mit anderen Inhalten, wobei der Ursprungstext weiterhin erkennbar bleibt.

Satire
Als Satire bezeichnet man eine Spottdichtung, die Kritik an menschlichen Schwächen und Lastern oder gesellschaftlichen Missständen übt. Dabei bedient sich die Satire besonderer Darstellungsverfahren wie der Verzerrung, des Rollenwechsels, der Sprachmusterverschiebung oder des „fremden Blicks". Häufig eingesetzt werden außerdem sprachliche Mittel wie die Über- oder Untertreibung, Ironie, Mehrdeutigkeit, Situationskomik, Metaphern, Vergleiche und ein auffälliger Satzbau. Die Satire ist keine spezielle Textart, sie ist in allen literarischen Gattungen möglich.

5 Inwiefern lassen sich die Aktionen der „Apfelfront" als parodistisch oder als satirisch beschreiben? Antworte in deinem Heft.

____

____

____

____

____

____

6 Worauf wird mit „Fremdobst", „Südfrüchte" und „Fallobst" angespielt? Erkläre.

____

____

7 Auch Humor kann eine scharfe Waffe sein. Erläutere diese Aussage in deinem Heft.

8 Die Parodie wird erst bei genauerem Hinsehen bemerkt. Zunächst wirken die rechtsextremen Symbole. Nimm Stellung zu dieser Kritik an der FDÄ.

Einen appellativen Text sprachlich analysieren

Bionik-Tower: Eine Stadt über den Wolken! *Andrea Schwendemann*

Bist du schwindelfrei? Ja! Dann steig ein in unsere Zeitmaschine. Wir beamen uns ins Jahr 2030. Unser Ziel: Der Bionik-Tower in Shanghai. Heraufspaziert! Wir nehmen einen der 368 Aufzüge, um ins 300. Stockwerk zu gelangen. Auf die Plätze, fertig, los! In zwei Minuten erreichen wir die Spitze: 1228 Meter. Du bist so grün im Gesicht!
5 Lieber wieder zurück ins gute alte Jahr 2008? Denn das höchste Bauwerk unserer Zeit ist gerade mal 508 Meter niedrig, heißt Taipei 101 und steht in Taiwan. Das ist alles halb so schlimm ... Experten gingen bisher davon aus, dass es nicht möglich sei, Häuser höher als 700 Meter zu bauen. Warum? Weil die Gefahr besteht, dass sie knicken oder brechen würden.
10 Aber die spanischen Architekten Maria Rosa Cervera und Javier Pioz sind da ganz anderer Meinung. Denn: Sie haben sich in der Natur umgeschaut. Dort gibt es dünne und lange Gräser, Halme und leichte Federn, die extremem Druck durch Wind ausgesetzt sind. Und sie knicken nicht! „Wir müssen die Prinzipien der Natur studieren und auf das Häuserbauen übertragen", haben sich die Erfinder gesagt – und getan. Die
15 wichtigsten Grundideen des Towers: Die runde, lange Form ist vom Grashalm abgeschaut, die leichte Bauweise von der Feder, die tiefe Verwurzelung vom Baum. Damit der Bionik-Tower stabil ist, soll er „Wurzeln" wie ein Baum erhalten. Die künstlichen, weit verzweigten Wurzeln reichen bis zu 200 Meter tief. Denn: Auch wir stehen mit ausgebreiteten Beinen viel stabiler. Auch die runde Form eines Baumes oder
20 anderer Pflanzen nutzen die Architekten. Der Wind umfließt das Gebäude. Spötter bezeichnen den Tower auch als windschnittige Riesengurke. Der Riesenturm soll so leicht wie möglich werden. Deshalb wird zum Bau leichtes Material wie Aluminium verwendet.
Die Wissenschaft, die sich mit dem Abkupfern beschäftigt, heißt Bionik. Also eine
25 Kombination aus Biologie und Technik. Das ist nicht neu, denkst du? Richtig! Denk nur mal an die Hubschrauber-Rotoren. Die ähneln den Flügeln von ...? Na? Richtig! Libellen. Das Prinzip Spicken betreiben die Menschen seit jeher. Die ersten Bioniker waren Dädalus und Ikarus. Zumindest laut griechischer Sage. Sie versuchten, mit Hilfe von Federn wie Vögel zu fliegen. Leider ohne Happyend. Ikarus stürzte ab und ertrank.
30 Dädalus kam nicht so weit wie geplant. Bis Menschen tatsächlich fliegen konnten, hat es Jahrhunderte gedauert. Und das zeigt: Auch wenn wir von der Natur abkupfern, müssen wir sehr viel ausprobieren, testen, verwerfen und noch einmal testen.

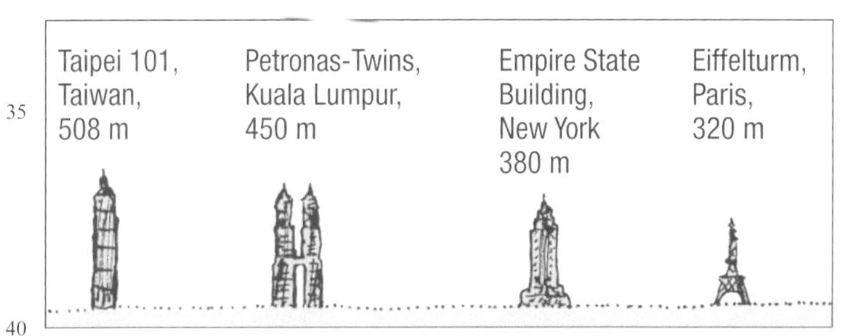

Zurück zur „senkrechten" Stadt: Hier sollen einmal
35 100 000 Menschen leben, arbeiten, Urlaub machen, ins Kino gehen, Tennis spielen und in Seen baden. Alles ohne auch nur einen Schritt vor die
40 Tür zu setzen. Warum Städte künftig in die Höhe wachsen lassen? In 50 Jahren leben möglicherweise 12 Milliarden Menschen auf der Erde. Im Jahr 2000 waren es 6 Milliarden.
Also: Bestimmt entwickeln die Forscher bald ein Medikament gegen den Schwindel. Abgeschaut bei den Königen der Lüfte. Dann beamen wir uns noch mal auf den Bionik-
45 Tower. Könntest du dir vorstellen, in einem solchen gigantischen Hochhaus zu wohnen?

Einen appellativen Text sprachlich analysieren

1 Lies den Text genau.

2 Der Text fordert zum Handeln, Denken und Mitmachen auf.
Diese appellative Funktion erreicht er durch verschiedene Stilmittel.
Belege jeweils mit mehreren Textstellen.

Anredepronomen: Bist **du** schwindelfrei?; ______________________________

Ausrufezeichen: ______________________________

Imperative: ______________________________

elliptische (verkürzte) Sätze: Unser Ziel: Der Bionik-Tower in Shanghai. ____________

____

____

Frage-Antwort-Kombination: ______________________________

____

3 Aus welchen beiden Begriffen setzt sich das Wort „Bionik“ zusammen? Lies nochmals Abschnitt 4 und notiere deine Antwort.

Bionik = ______________________

4 Spicken gilt nicht! Von wegen! Was übernehmen die Architekten für den Bionik-Tower aus der Natur? Notiere.

Grashalm: ______________________________

Feder: ______________________________

Baum: ______________________________

5 Zeichne in deinem Heft eine Skizze des Bionik-Towers und beschrifte sie.
Nutze dazu die Informationen aus dem Text.

6 Welche Aussagen kannst du mit Hilfe der Abbildung treffen?
Formuliere vier Sätze.

Das höchste Bauwerk der Welt heißt Taipei 101.

____

____

____

7 Wieso ist es „notwendig“, immer mehr in die Höhe zu bauen?
Lies dazu noch einmal Abschnitt 5 und schreibe deine Antwort in dein Heft.

1 Lies den Text genau.

2 Der Text fordert zum Handeln, Denken und Mitmachen auf.
Diese appellative Funktion erreicht er durch verschiedene Stilmittel.
Belege jeweils mit mehreren Textstellen.

Anredepronomen: ______________________________

Ausrufezeichen: ______________________________

Imperative: ______________________________

elliptische (verkürzte) Sätze: Unser Ziel: Der Bionik-Tower in Shanghai. ____________

____

Frage-Antwort-Kombination: ______________________________

____

3 Aus welchen beiden Begriffen setzt sich das Wort „Bionik" zusammen? Notiere.

Bionik = ____________________

4 Spicken gilt nicht! Von wegen! Was übernehmen die Architekten
für den Bionik-Tower aus der Natur? Ergänze die Tabelle.

Vorlage in der Natur	Form oder Funktion in der Natur	Übernahme für den Bionik-Tower
Grashalm	dünn und lang, knickt nicht	hohes Gebäude
Baumstamm		
Wurzeln eines Baumes		
Feder		

5 Zeichne in deinem Heft eine Skizze des Bionik-Towers und beschrifte sie.
Nutze dazu die Informationen aus dem Text.

6 Welche Aussagen kannst du mit Hilfe der Abbildung treffen?
Formuliere fünf Sätze in deinem Heft.

7 Wieso ist es „notwendig", immer mehr in die Höhe zu bauen?
Schreibe deine Antwort ins Heft.

Einen appellativen Text sprachlich analysieren

1 Lies den Text genau.

2 Der Text fordert zum Handeln, Denken und Mitmachen auf.
Diese appellative Funktion erreicht er durch verschiedene Stilmittel.
Belege jeweils mit mehreren Textstellen.

Anredepronomen: ______________________________

Ausrufezeichen: ______________________________

Imperative: ______________________________

elliptische (verkürzte) Sätze: ______________________________

____

Frage-Antwort-Kombination: ______________________________

____

3 Aus welchen beiden Begriffen setzt sich das Wort „Bionik“ zusammen? Notiere.

Bionik = ______________

4 Spicken gilt nicht! Von wegen! Was übernehmen die Architekten für den Bionik-Tower aus der Natur? Erstelle eine Tabelle in deinem Heft. Übertrage dazu den folgenden Tabellenkopf.

Vorlage in der Natur	Form oder Funktion in der Natur	Übernahme für den Bionik-Tower

5 Zeichne in deinem Heft eine Skizze des Bionik-Towers und beschrifte sie.
Nutze dazu die Informationen aus dem Text.

6 Welche Aussagen kannst du mit Hilfe der Abbildung treffen?
Formuliere sechs Sätze in deinem Heft.

7 Wieso ist es „notwendig“, immer mehr in die Höhe zu bauen?
Schreibe deine Antwort ins Heft.

8 Das Wettbauen in die „Senkrechte“ ist noch nicht entschieden.
Aus welchen Gründen kommt es deiner Meinung nach zu diesem Wettbauen?
Antworte in deinem Heft. Du kannst dabei die folgenden Wörter verwenden.

Bevölkerungswachstum Know-how technische Erfindungen
finanzielle Möglichkeiten Prestige bevölkerungsreiche Regionen

In einem Leserbrief Stellung nehmen

Alice Schwarzer und die Frauenbewegung *Wiebke Eden*

Als Alice Schwarzer im Januar 1977 „Emma“ aus der Taufe hob, verwirklichte sie einen lang gehegten Traum. Ihr war es gelungen, aus eigener Kraft eine unabhängige Zeitschrift zu gründen.
[...] Mit einem Volontariat bei den „Düsseldorfer Nachrichten“ startete sie ihre journalistische Karriere. 1969 wechselte sie zum linkspolitischen „Pardon“. Nach einem halben Jahr zog es sie [...] nach Paris und sie berichtete von dort als Korrespondentin für deutsche Medien.
Alice Schwarzer lernte Simone de Beauvoir kennen, die ihre Überzeugung prägte: Es gibt keine Natur der Frau, da alle Menschen gleich sind. Alice Schwarzer schloss sich dem „Mouvement de Libération des Femmes“ (MFL) an und initiierte 1971 in Deutschland die Abtreibungskampagne nach französischem Vorbild. „Ich habe abgetrieben“, bekannten 400 Frauen im Stern, darunter namhafte Schauspielerinnen wie Romy Schneider und Senta Berger.
Für Alice Schwarzer kristallisierte sich heraus, dass Feminismus in den Blickpunkt der Öffentlichkeit gehört, um aufrühren und wirken zu können. Ihr Einsatz war von Anfang an einer, der sich durch eine gezielte Nutzung der Medien an die breite Masse wandte, nicht nur an streitbare Emanzen, sondern genauso an bügelnde Hausfrauen. 1975 publizierte sie das Werk, das zum feministischen Klassiker avancierte, „Der kleine Unterschied und seine großen Folgen“. Das Hetero-Sexualleben sei nicht privat geregelt, sondern sozial und kulturell erzwungen, schrieb die Autorin. Das Buch machte sie in den Medien zum Schlachtopfer. [...]
Alice Schwarzer ließ sich nicht erschüttern, gründete „Emma“ und sorgte mit den Redaktionskolleginnen publikumswirksam für Aufruhr, etwa 1978 mit der Klage gegen den Stern und seine „sexistischen Titelbilder“. Mit „Emma“ rief sie Kampagnen gegen Pornografie und Diskriminierung von Frauen im Fußball ins Leben. [...]
Auch Feministinnen distanzieren sich von Alice Schwarzer, kritisieren ihre Haltung, werfen ihr Profilisierungssucht vor und einen kommerzialisierten Feminismus. Dagegen stehen weibliche und männliche Fans, die sie zur Galionsfigur emanzipierter Frauen erheben, gestern wie heute. „Um keinen Preis möchte ich die manchmal recht dünne Luft der Konfrontation wieder tauschen gegen die stickige des Sich-Einreihens, des Sich-Beugens“, sagte Alice Schwarzer einmal. Sie bekam etliche Auszeichnungen, u. a. 1996 das Bundesverdienstkreuz am Bande.

Interviewauszug:

Was denkt die Pornografiekritikerin Schwarzer über die Freizügigkeit unter Teenager-Mädchen?
Wenn Sie an einer Kölner Straßenecke ein Mädchen sehen, wissen Sie manchmal nicht, ob es sich um eine Prostituierte handelt oder ob eine auf ihren Freund wartet. Die sehen identisch aus. [...]

Warum bedienen die Mädchen freiwillig diese Fantasien?
Was heißt freiwillig? Für Frauen ist es noch immer Gebot Nummer eins, begehrenswert zu sein. Was also tun? Der Weg von Madonna ist eine Gratwanderung. Wenn man schon so provoziert, dann sollte man mindestens Madonnas Mundwerk haben – oder Madonnas Bankkonto. Aber die kleinen Mädchen, die solchen Vorbildern nacheifern, haben weder die Power noch die Millionen. Die sind dann nur noch Objekt.

In einem Leserbrief Stellung nehmen

1 Lies den Text genau.

2 Verbinde die Begriffe links mit der passenden Erklärung rechts.

Volontariat	Auseinandersetzung
Korrespondentin	Berichterstatterin
Profilierungssucht	Werte dem Gewinnstreben unterordnen
kommerzialisieren	Gier nach Anerkennung
Konfrontation	(unbezahlte) Anlernzeit

3 Schlage die folgenden Begriffe nach und erkläre sie kurz.

Emanzipation: ____

Feministin: ____

4 Wie wurde Alice Schwarzer zur „Galionsfigur der Frauenbewegung"?
Notiere Ereignisse aus ihrem Leben, die ihre herausragende Stellung erklären.

____

____

____

5 „Um keinen Preis möchte ich die manchmal recht dünne Luft der Konfrontation wieder tauschen gegen die stickige des Sich-Einreihens, des Sich-Beugens." Erläutere diese Aussage in deinem Heft. Gehe dabei auch auf die sprachlichen Bilder „dünne Luft der Konfrontation" und „stickige Luft des Sich-Einreihens, des Sich-Beugens" ein.

6 Welche Rolle spielen die Medien im Leben der Alice Schwarzer?
Setze die folgenden Worte und Formulierungen in den Lückentext ein.

kritisiert   Journalistin   Herausgeberin   steht sie in der Kritik   Profi   nutzt

Alice Schwarzer ist selbst ________________ und dementsprechend ein ___________ im Mediengeschäft. Auf der einen Seite __________ sie die Massenmedien für ihre Botschaften, sie ist ja selbst ____________________ eines Frauenmagazins. Auf der anderen Seite _____________ sie sehr scharf die Rolle der Medien in Bezug auf Frauenfragen. Früher wie auch heute ______________________________, die durch die Medien transportiert wird.

7 Lies noch einmal den Interviewauszug am Ende der Seite und nimm zu Alice Schwarzers Ansichten in einem kurzen Leserbrief schriftlich Stellung. Arbeite in deinem Heft.

Tipp: In einem Leserbrief formulierst du deine persönliche Meinung zu einem Presseartikel oder zu einer bestimmten Aussage. Dabei ist es wichtig, dass du einen klaren Standpunkt beziehst und gut argumentierst.

In einem Leserbrief Stellung nehmen

1 Lies den Text genau.

2 Schlage die folgenden Begriffe nach.

Volontariat Korrespondentin Profilierungssucht Emanzipation
kommerzialisieren Konfrontation Feministin Frauenbewegung

3 Wie wurde Alice Schwarzer zur „Galionsfigur der Frauenbewegung"?
Notiere Ereignisse aus ihrem Leben, die ihre herausragende Stellung erklären.

4 „Um keinen Preis möchte ich die manchmal recht dünne Luft der Konfrontation wieder tauschen gegen die stickige des Sich-Einreihens, des Sich-Beugens."
Erläutere diese Aussage in deinem Heft.
Gehe auch auf die sprachlichen Bilder „dünne Luft der Konfrontation" und „stickige Luft des Sich-Einreihens, des Sich-Beugens" ein.

5 Welche Rolle spielen die Medien im Leben der Alice Schwarzer?
Nutze für deine Antwort den folgenden Wortpool.

kritisiert Journalistin Herausgeberin steht sie in der Kritik Profi nutzt

6 Lies noch einmal den Interviewauszug und nimm zu Alice Schwarzers Ansichten in einem Leserbrief schriftlich Stellung. Arbeite in deinem Heft.

Tipp: In einem Leserbrief formulierst du deine persönliche Meinung zu einem Presseartikel oder zu einer bestimmten Aussage. Dabei ist es wichtig, dass du einen klaren Standpunkt beziehst und gut argumentierst.

In einem Leserbrief Stellung nehmen

1 Lies den Text genau.

2 Schlage die folgenden Begriffe nach.

Volontariat Korrespondentin Profilierungssucht Emanzipation
kommerzialisieren Konfrontation

3 Erkläre den Begriff Feministin aus dem Textzusammenhang.

____

4 Wie wurde Alice Schwarzer zur „Galionsfigur der Frauenbewegung“?
Notiere Ereignisse aus ihrem Leben, die ihre herausragende Stellung erklären.

____

____

____

____

5 „Um keinen Preis möchte ich die manchmal recht dünne Luft der Konfrontation wieder tauschen gegen die stickige des Sich-Einreihens, des Sich-Beugens.“
Erläutere diese Aussage in deinem Heft.

6 Welche Rolle spielen die Medien im Leben der Alice Schwarzer?
Gehe in deiner Antwort darauf ein, wie Alice Schwarzer die Medien nutzt und dass sie selbst Gegenstand der Berichterstattung ist.

____

____

____

____

____

____

7 Lies noch einmal den kurzen Interviewauszug und nimm zu Alice Schwarzers Ansichten in einem Leserbrief schriftlich Stellung.
Arbeite in deinem Heft.

Tipp: In einem Leserbrief formulierst du deine persönliche Meinung zu einem Presseartikel oder zu einer bestimmten Aussage. Dabei ist es wichtig, dass du einen klaren Standpunkt beziehst und gut argumentierst.

8 Warum ist Freizügigkeit nicht gleich Freiheit?
Beantworte diese Frage mit Hilfe des Interviews in deinem Heft.

Eine Mind-Map anlegen, einen Kommentar erkennen

Kinderarmut

Text 1:
Nein, auf den ersten Blick erkennt man sie nicht. Arme Kinder in Deutschland tragen keine Lumpen. Man muss schon genauer hinsehen, wirklich hinsehen wollen, um zu bemerken, dass sie im Freibad ebenso fehlen wie im Museum, dass sie nicht im Kino sitzen und nicht in der Bibliothek. Sie sind arm an Möglichkeiten und arm an Bildung. Ich plädiere daher für den zweiten Blick, für den genauen Blick. In keinem Land der Welt sollten Kinder in Armut leben müssen. Dass sie es in einem wohlhabenden Land wie dem unseren dennoch tun, ist einfach eine Schande.

Text 2:
Kinder aus armen Familien sind in vieler Hinsicht benachteiligt und ausgegrenzt. Neben dem Mangel an materiellen Dingen haben diese Kinder häufiger gesundheitliche Probleme. Viele arme Familien legen weniger Wert auf gesunde Ernährung. So bevorzugen sie zum Beispiel häufig Fastfood-Produkte, die wenig vitaminreich sind.

Text 3:
Der Verband der deutschen Kinder- und Jugendärzte beobachtet mit Sorge, dass in Deutschland eine Generation von Kindern heranwächst, die von der Gesellschaft vollständig vergessen zu werden droht. Es seien Kinder, die täglich achtlos viele Stunden vor dem Fernseher „geparkt" würden, mit denen niemand spreche und spiele, denen keiner vorlese. Dadurch komme es zu schweren Entwicklungsstörungen. Kindertagesstätten und Kindergärten müssten verstärkt in ein „gesamtgesellschaftliches Bildungskonzept einbezogen" werden, lautet eines der Rezepte der Ärzte.

Text 4:
Geringe Bildung, Arbeitslosigkeit und soziale Benachteiligung erhöhen einer Studie zufolge das Risiko ungewollter Teenager-Schwangerschaften. So seien solche Schwangerschaften bei Hauptschülerinnen fünfmal häufiger als bei Gymnasiastinnen, teilte die Bundeszentrale für gesundheitliche Aufklärung mit. Laut Studie hatten mehr als ein Drittel der Schwangeren gar nicht oder unsicher verhütetet. Rund 60 Prozent gaben an, mit Pille oder Kondom verhütet zu haben. Gerade für bildungsschwache Jugendliche ist das neue Faltblatt „Sexyklopädie" entwickelt worden.

Text 5:
Arme Kinder können weniger Freizeitangebote nutzen und haben weniger soziale Kontakte. Bei Kindern ausländischer Eltern kommen Sprachprobleme hinzu. Sie leben zum Teil in vernachlässigten Stadtteilen mit schlechten Schulen. Mangelhafte Ausbildung und folglich schlechte Berufschancen zementieren Armutsbiografien, das heißt, arme Kinder sind oft auch als Erwachsene arm.

Text 6:
Arme Kinder litten häufiger unter Bauch- und Kopfschmerzen, Depressionen und Selbstmordgedanken, berichtet der Präsident des Berufsverbands der Kinder- und Jugendärzte. Der Deutsche Kinder- und Jugendhilfetag forderte unterdessen, eine allgemeine Grundsicherung für junge Menschen müsse eingeführt werden.

Eine Mind-Map anlegen, einen Kommentar erkennen

1 Armut, Deutschland, Kinder – passen diese Begriffe zusammen?
Erläutere deine Ansicht in wenigen Sätzen in deinem Heft. Du kannst so beginnen:

Die Begriffe passen meiner Ansicht nach zusammen/nicht zusammen, weil …

2 Was bedeutet Kinder- und Jugendarmut in Deutschland?
Lies die Texte und fertige eine Mind-Map zum Thema an.

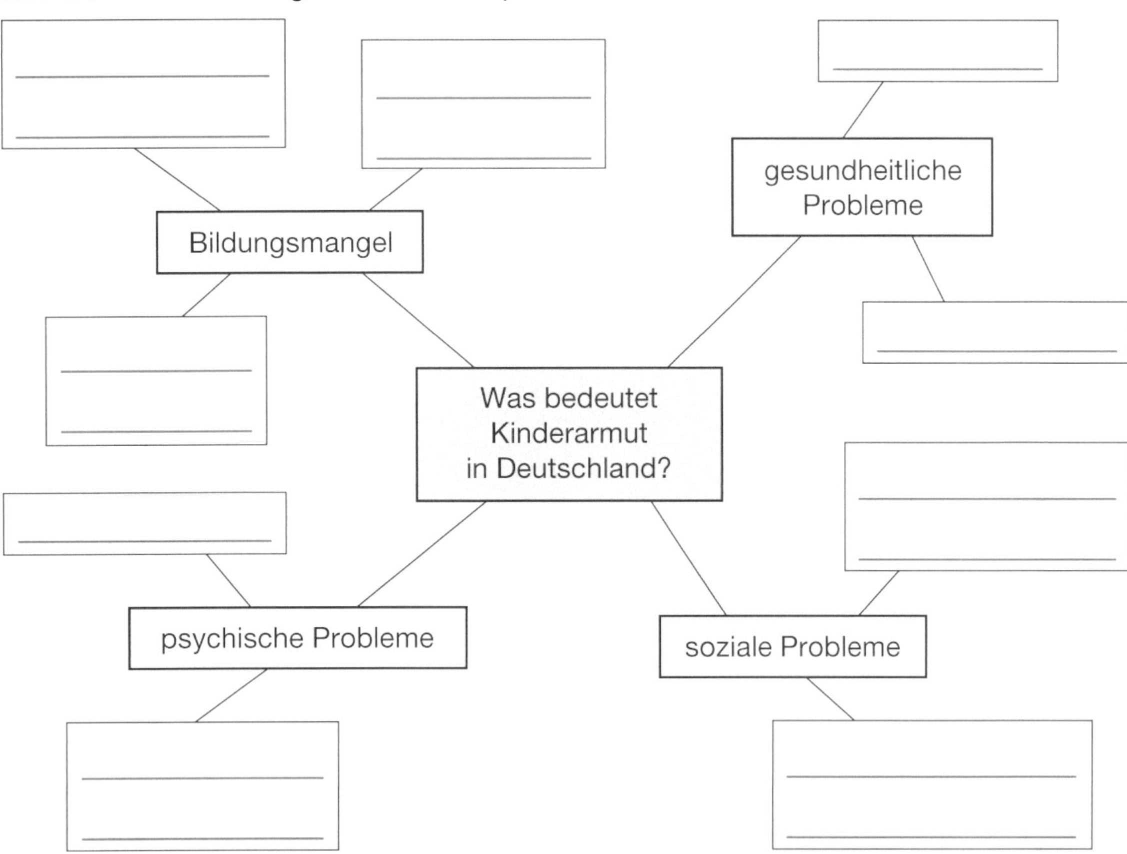

3 In Text 2 findest du ein vollständiges Argument. Markiere Behauptung, Begründung und Beispiel mit unterschiedlichen Farben.

4 Ergänze mit Hilfe von Text 4 eine Begründung zu der folgenden Behauptung.

Soziale Benachteilung erhöht das Risiko einer frühen Schwangerschaft, weil

____

5 In Text 5 werden mehrere Behauptungen aufgestellt. Suche dir eine Behauptung aus und formuliere in deinem Heft ein vollständiges Argument.

6 Was kann gegen die Kinderarmut unternommen werden?
Antworte mit Hilfe der Texte ausführlich in deinem Heft.

7 Einer der Texte auf der Materialseite ist ein meinungsäußernder Text.
Der Autor nimmt persönlich Stellung zum Thema „Kinderarmut“.
Um welchen Text handelt es sich? Begründe deine Wahl mit Hilfe von Textstellen in deinem Heft.

1 Armut, Deutschland, Kinder – passen diese Begriffe zusammen?
Erläutere deine Ansicht in wenigen Sätzen in deinem Heft.

2 Was bedeutet Kinder- und Jugendarmut in Deutschland?
Lies die Texte und fertige eine Mind-Map zum Thema an.

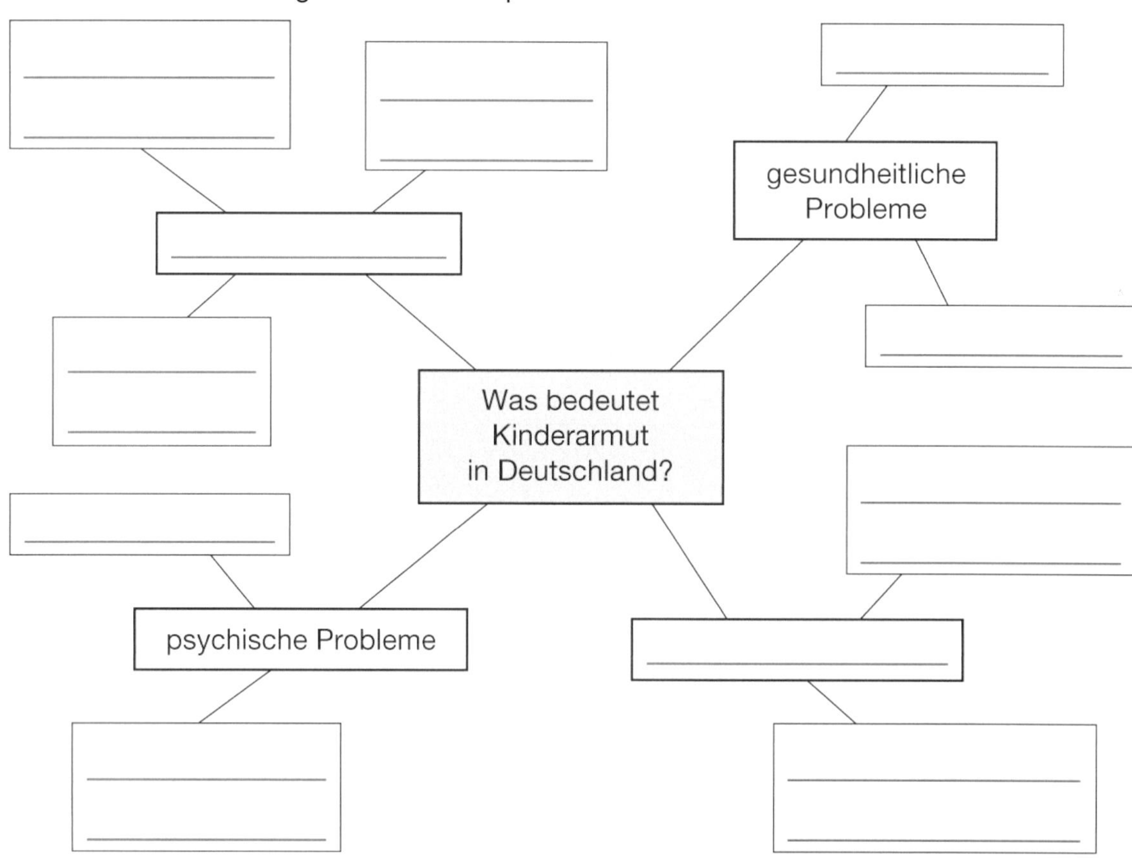

3 In Text 2 findest du ein vollständiges Argument. Markiere Behauptung, Begründung und Beispiel mit unterschiedlichen Farben.

4 Finde eine weitere Begründung für die Behauptung, dass arme Kinder häufiger gesundheitliche Probleme haben. Schreibe in dein Heft.

5 Ergänze eine Begründung zu der folgenden Behauptung.

Soziale Benachteilung erhöht das Risiko einer frühen Schwangerschaft,

____

6 Was kann gegen die Kinderarmut unternommen werden?
Fertige eine Liste mit Vorschlägen an. Arbeite in deinem Heft.

7 Ein Text auf der Materialseite ist ein Kommentar. Der Autor bezieht hier persönlich Stellung zum Thema. Um welchen Text handelt es sich? Begründe deine Wahl in deinem Heft.

1 Armut, Deutschland, Kinder – passen diese Begriffe zusammen?
Erläutere deine Ansicht in wenigen Sätzen in deinem Heft.

2 Was bedeutet Kinder- und Jugendarmut in Deutschland?
Lies die Texte und fertige eine Mind-Map zum Thema an.

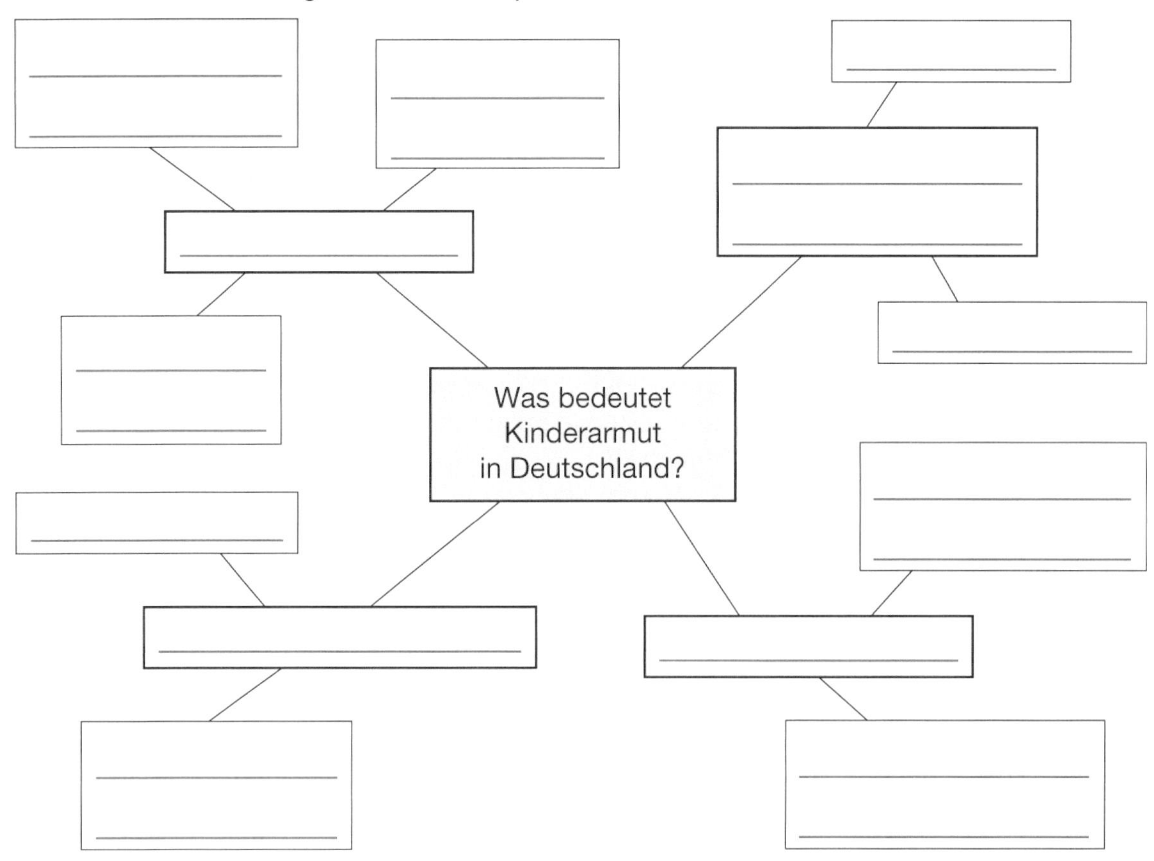

3 In Text 2 findest du ein vollständiges Argument. Markiere Behauptung, Begründung und Beispiel mit unterschiedlichen Farben.

4 In Text 5 werden mehrere Behauptungen aufgestellt. Suche dir eine Behauptung aus und formuliere in deinem Heft ein vollständiges Argument.

5 Ergänze die folgende Behauptung mit einer überzeugenden Begründung und belege sie an einem Beispiel. Schreibe in dein Heft.

Kinder aus ärmeren Verhältnissen haben häufiger ein geringeres Selbstwertgefühl.

6 Was kann gegen die Kinderarmut unternommen werden?
Fertige eine Liste mit Vorschlägen an. Arbeite in deinem Heft.

7 Ein Text auf der Materialseite ist ein Kommentar. Der Autor bezieht hier persönlich Stellung zum Thema. Um welchen Text handelt es sich? Begründe deine Wahl in deinem Heft.

8 Schreibe in deinem Heft selbst einen Kommentar zum Thema „Kinderarmut in Deutschland“.

Einen schwierigen Sachtext erschließen

China

Seit der Jahrtausendwende hat sich China gleichermaßen reformiert wie ruiniert. Die Katastrophen, von denen die ökologischen nur die erschütterndsten sind, sind wie der neue Wohlstand ein Ergebnis des Aufschwungs, und sie lassen sich auch hinter den neuen Palästen des Konsums und des Sports nicht mehr verstecken.

5 Die Weltbank hat errechnet, dass in China im Jahr 750 000 Menschen an den Folgen der Umweltverschmutzung sterben. 700 Millionen Chinesen haben keinen Zugang zu sauberem Trinkwasser mehr. Drei Viertel aller Seen im Land und die Hälfte des Grundwassers gelten als vergiftet. 60 große Flüsse sind dabei, zu versiegen, alle zusammen werden von der Industrie und dem neuen Wohlstandsmüll der Haushalte verseucht. 10 Der Yangtze allein nimmt auf seinem Weg von Tibet bis zum Ostchinesischen Meer im Jahr 30 Milliarden Tonnen Abwässer mit. Auf der Weltrangliste der am stärksten verschmutzten Städte finden sich 16 chinesische unter den ersten 20. In Peking ist die Feinstaubbelastung sechsmal höher als in New York. Das Land deckt seinen Energiebedarf zu 70 Prozent aus der Verbrennung von Kohle. Das entspricht etwa 15 40 Prozent der Weltproduktion. Die Produktion der Güter ist immer noch sehr ineffizient. Diese Liste ließe sich fortsetzen.

Es ist, als beherrschten Chinas Partei und Regierung die Geister nicht mehr, die sie einst vor 30 Jahren erstmals riefen. Nachdem sich Chinas Milliardenvolk auf den kurzen eiligen Marsch in die „sozialistische Marktwirtschaft" machte, sieht es zum ersten Mal 20 so aus, als stünde das merkwürdige chinesische Modell auf der Kippe: die Verbindung von Diktatur und Kapitalismus.

Der Staatsführung wird immer noch zugetraut, dass sie die Probleme, die riesig sind, meistert. Dennoch regt sich Widerstand im ganzen Land angesichts des ökologischen Desasters. Es geht etwas vor, für chinesische Verhältnisse etwas 25 Unerhörtes. Und es hat etwas damit zu tun, dass die Staatsführung häufiger die Kontrolle verliert, weil der Kapitalismus die Untertanen verwandelt. Sie nehmen sich das Recht auf politischen Protest.

Ein Land wie China, das so riesengroß und komplex ist, braucht klare Ordnung und starke Führung, um nicht auseinanderzufallen. Aber ein solches Land 30 kann nur zusammenhalten, wenn seine Einwohner zusammenhalten wollen. Kein Partei- und Spitzelapparat, keine Militärmaschine der Welt könnte 1,3 Milliarden Menschen gegen ihren Willen zusammenzwingen. Es ist derzeit, als hätten Volk und Führung einen Deal: Solange ihr uns gut leben lasst, lassen wir euch am Leben. So ist China heute ein Staat, der nach aller Theorie keine 35 Demokratie ist, dessen Gesellschaft sich aber jedes Jahr Rechte erobert und erobern darf. Die Partei ist generell zum Dulden verurteilt. Eine Diktatur, die vom Wohlwollen der Untertanen abhängig ist, ein Einparteienregime, das nur durch harte Arbeit am Gemeinwohl überleben kann. Wenn die Partei nicht fortgesetzt immer mehr Wohlstand liefern kann, wird ihre Arbeit in Frage 40 gestellt. Was aber, wenn der anhaltende sorglose Aufschwung vorübergeht?

1 Erstelle gemeinsam mit deinem Nachbarn einen Cluster zu „China“.

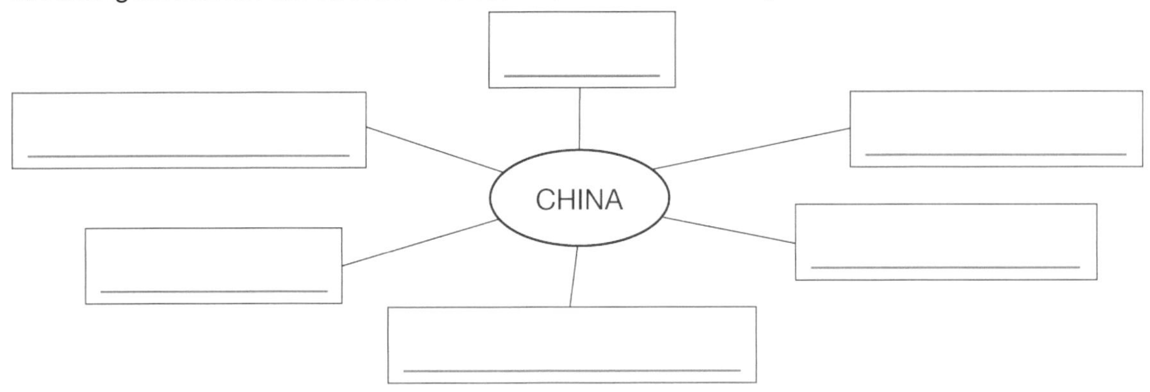

2 Lies den Text genau. Beachte dazu die SOS-Lesehilfe.

3 Notiere, was du zu den folgenden Punkten erfährst.

Land: ______________________________

Wirtschaft: ______________________________

Bevölkerung: ______________________________

Staatsform: ______________________________

4 „Seit der Jahrtausendwende hat sich China gleichermaßen reformiert wie ruiniert.“
Schlage beide Fremdwörter nach und schreibe ihre Bedeutung heraus.

reformieren: ______________________________

ruinieren: ______________________________

____

5 Schreibe aus dem Text heraus, was in China reformiert und was ruiniert wurde.

reformiert	**ruiniert**
– neuer Wohlstand	– 700 Millionen Menschen haben kein sauberes Trinkwasser

6 Suche im Lexikon und im Internet nach Definitionen zu den Begriffen „Kapitalismus“ und „Sozialismus“ und übertrage sie in dein Heft.

7 Erkläre, was „sozialistische Marktwirtschaft“ bedeutet?
Lies dazu noch einmal den Text und die Definitionen aus Aufgabe 5.

8 Wie könnte die politische Zukunft Chinas aussehen?
Begründe deine Einschätzung mit Hilfe des Textes.

1 Erstelle gemeinsam mit deinem Nachbarn einen Cluster zu „China“.

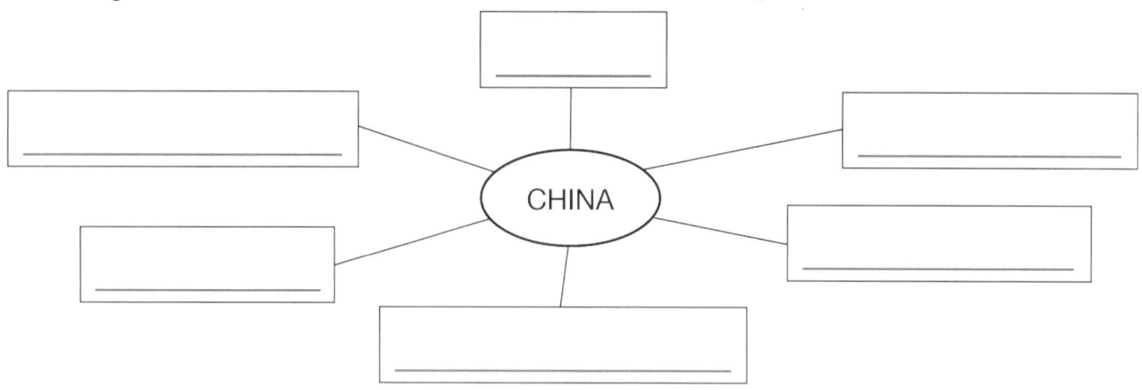

2 Lies den Text genau und notiere, was du zu den folgenden Punkten erfährst.

Land: ____________________

Wirtschaft: ____________________

Bevölkerung: ____________________

Staatsform: ____________________

3 „Seit der Jahrtausendwende hat sich China gleichermaßen reformiert wie ruiniert.“
Schlage beide Fremdwörter nach und schreibe ihre Bedeutung heraus.

reformieren: ____________________

ruinieren: ____________________

____

4 Schreibe aus dem Text heraus, was in China reformiert und was ruiniert wurde.

reformiert	ruiniert

5 Suche im Lexikon und im Internet nach Definitionen zu den Begriffen Kapitalismus“ und „Sozialismus“. Halte in deinem Heft die wesentlichen Unterschiede zwischen diesen beiden Gesellschaftsformen fest.

6 Erkläre, was „sozialistische Marktwirtschaft“ bedeutet?
Lies dazu noch einmal den Text und dein Ergebnis aus Aufgabe 5.

7 Erläutere das Verhältnis zwischen dem chinesischen Volk und seiner politischen Führung mit Hilfe des Textes. Schreibe in dein Heft.

8 Wie könnte die politische Zukunft Chinas aussehen?
Begründe deine Einschätzung mit Hilfe des Textes.

Einen schwierigen Sachtext erschließen

1 Erstelle gemeinsam mit deinem Nachbarn einen Cluster zu „China“.
Arbeite in deinem Heft.

2 Lies den Text. Zu welchen Themenbereichen erhältst du Informationen?
Notiere vier Oberbegriffe.

___

3 Ergänze stichpunktartig Informationen zu den Oberbegriffen aus Aufgabe 2.

___

___

___

___

4 „Seit der Jahrtausendwende hat sich China gleichermaßen reformiert wie ruiniert.“
Schlage beide Fremdwörter nach und schreibe ihre Bedeutung heraus.

___

___

___

5 Schreibe aus dem Text heraus, was in China reformiert und was ruiniert wurde.

reformiert	ruiniert

6 Stelle die unterschiedlichen Gesellschaftssysteme Kapitalismus und Sozialismus in deinem Heft einander gegenüber. Nutze dazu Lexika und das Internet.

7 Beschreibe in deinem Heft das chinesische Modell der „sozialistischen Marktwirtschaft“.

8 Wie steht das chinesische Volk zu seiner Führung und zu den Veränderungen in jüngster Zeit?
Antworte in deinem Heft.

9 Wie könnte die politische Zukunft Chinas aussehen?
Begründe deine Einschätzung mit Hilfe des Textes.

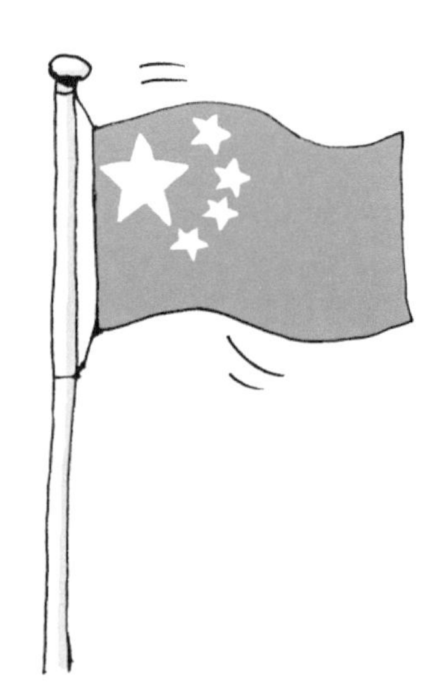

3fach Deutsch 9/10

Mit Sachtexten arbeiten

Kopiervorlagen
Differenzierungsmaterial auf drei Niveaustufen

Erarbeitet von
Susanne Bonora, Julia Fliege, Sylvelin Leipold

Redaktion: Dirk Held, Berlin
Layout und technische Umsetzung: sign, Berlin
Umschlagillustration: Bianca Schaalburg
Illustration: Bianca Schaalburg
Umschlaggestaltung: Rosendahl Grafikdesign, Berlin
Programmierung und Umsetzung der CD-Materialien: sign, Berlin

www.cornelsen.de

1. Auflage, 1. Druck 2009

Druck: H. Heenemann, Berlin

ISBN 978-3-06-060096-0

Inhalt gedruckt auf säurefreiem Papier aus nachhaltiger Forstwirtschaft.

Textquellen
Material 1: Die Sonne macht Lust auf mehr. Aus: Fränkischer Tag vom 23.04.2008, Seite 40. © dpa. Material 2: Jörg Blech, Dünger fürs Gehirn. Aus: Der Spiegel. Ausgabe 52/2008, S. 112–114. Material 3: Die vergessenen Bürger Europas. Aus: Fränkischer Tag vom 17.09.2008/A, S. 6. Material 4: Marco Evers, Terror aus dem Rechner. Aus: Der Spiegel. Ausgabe 45/2008 vom 03.11.2008, S. 150–152. Material 5: Thomas Burmeister, Tanzen, bis die Birne glüht. Aus: Fränkischer Tag, 06.09.2008. © dpa. Material 6: Marie von Mallinckrodt, Die Vergessenen. Aus: Der Spiegel. Ausgabe 42/2008 vom 13.10.2008, S. 88. Material 7: Maria Hilt, Wie man länger Freude am Geld hat. Aus: Fränkischer Tag, Silvester 2008/A. © DDP. Material 8: Marco Evers, Grüner Strom aus dem Watt. Aus: Der Spiegel. Ausgabe 32/2008 vom 04.08.2008, S. 112–113. Material 9: Kathrin Passig, Aleks Scholz, Gähnen. Aus: Kathrin Passig, Aleks Scholz, Lexikon des Unwissens. Worauf es bisher keine Antwort gibt. Rowohlt Verlag, Reinbek bei Hamburg 2007. Material 10: Steffen Winter, Das Rotkäppchen-Syndrom. Aus: Der Spiegel. Ausgabe 43/2008 vom 20.10.2008, S. 72. Material 11: Michael Wehner, Grenzen dicht für Fremdobst. Aus: Fränkischer Tag vom 13.09.2007/A. Material 12: Andrea Schwendemann, Bionik-Tower: Eine Stadt über den Wolken! Aus: Treff, das Wissensmagazin für Schüler. Nr. 1, Januar 2006, S. 18–19. Material 13: Wiebke Eden, Alice Schwarzer. Nach: www.fembio.org/biographie.php/frau/biographie/alice-schwarzer. Material 13: Niedrigkeit bündelt meinen Zorn. Aus: Interview mit Alice Schwarzer geführt von Roger Köppel. In: Weltwoche vom 21.12.2006. Material 15: Ullrich Fichtner, Chinas gefährlicher Sommer. Aus: Der Spiegel. Ausgabe 32/2008 vom 04.08.2008, S. 84.

Wir danken den Rechteinhabern für die Abdruckgenehmigung. Da es uns leider nicht möglich war, alle Rechteinhaber ausfindig zu machen, bitten wir, sich gegebenenfalls an den Verlag zu wenden.